RENAUT DE BEAUJEU
DER SCHÖNE UNBEKANNTE

Ein Artusroman

Übertragung aus dem Altfranzösischen
und Nachwort
von Felicitas Olef-Krafft

Mit 8 Miniaturen

MANESSE VERLAG
ZÜRICH

Prolog

Für jene, die mich im Bann ihrer Macht hält, die mir schon einmal den Verstand beflügelt hat zu einem Lied voll Liebe ohne Falsch, für sie will ich aus einer herrlichen Erzählung von wundersamen Dingen einen Roman entnehmen und gewinnen. Für jene, die ich über alle Maßen liebe, will ich vor Euch mit der Geschichte nun beginnen. Schnelle Hilfe vermag Gott zu gewähren, und so bin ich denn nicht allzu verzagt, sondern will getrost mein Können zeigen.

Krönungsfest in Carlion

Nach Carlion am Meer lud der König einst im August seinen ganzen Hof und ließ sich dort krönen. Sehr groß war dieser Hof, den Artus hielt, und die Stadt war stark und mächtig. Als sich die Edlen samt und sonders eingefunden hatten, war die dort am Hof versammelte Gesellschaft äußerst zahlreich. Ein Freudenfest hättet Ihr da erleben können. Die Spielleute strichen ihre Fiedeln, schlugen ihre Harfen, bliesen ihre Dudelsäcke, die Sänger sangen ihre Lieder. All ihr Sinnen und Trachten war darauf gerichtet, schöne wundersame Dinge zu erzählen.

Viele schmucke Männer gab es an dem Hof, manch waffengewaltiger Ritter war dort – ich lüge nicht, wenn meine Quelle richtig sagt, wie es war. König Aguillars, den König Artus überaus schätzte, war zusammen mit seinen Brüdern Lot und Uriën da, auch König Horels und Floriëns, Briés von Gonefort und Tristan, Gerin von Chartres und Eriaans; Gauvain war zugegen und Bedoier, König Enauder und Graf Riciers, desgleichen Erec, der Sohn des Lac, Lancelot vom See, Gales der Kahle und Guerehés, des weiteren Tor, der Sohn von König Arés, Dinaus und Graf Oduïns, Carados und Carentins; Mordred und Segurés waren da, der Ritter von Baladingan, König Amangon und König Marc, der Schöne Feigling und der mit dem schlecht sitzenden Rock, Keu von Estraus, Aquins von Orbrie und Guinlains von Tintagel, der Schmerz und Kummer nie empfand; Seneschall Keu war ebenfalls dort. Er ließ verkünden, man könne sich nun die Hände waschen[1]. So viele waren versammelt, daß ich sie nicht alle aufzählen kann, und auch die Damen vermag ich nicht zu nennen.

Am Hof hatte man das Wasser kommen lassen, die Knappen hatten es gebracht. Danach setzte man sich – will ich meinen – zu Tisch. Bedoier nahm die Trinkschale und bediente den König; Keu seinerseits kümmerte sich um das Mahl, wie es seiner Pflicht entsprach. Er ließ die Speisen an den Tafeln auftragen, ging reihum und wartete auf.

Viele hübsche Knappen gab es dort und eine Unzahl wackerer, tapferer Ritter aller Art, wie meine Quelle berichtet.

Ankunft des Schönen Unbekannten

Schaut, da naht auf seinem Schlachtroß ein Bote mit einem blauen Schild, geziert mit einem Löwen in Hermelin. Geradewegs vor den König ritt er, er mochte wohl ein Ritter sein. Unverzüglich grüßte er ihn und darauf auch all die anderen. Der König, der ihm die Antwort nicht schuldig blieb, erwiderte den Gruß und bat: «Steigt ab!» Doch jener gab zurück: «Zuvor hört mich an! Artus, ich bin an deinen Hof gekommen, weil man mir hier gewiß meine erste Bitte erfüllen wird, komme, was da wolle. Stimmt das: ja oder nein? Versprich es und zögere nicht! Ein Mann von Ehre wie du darf mir das nicht verwehren.» – «Ich verspreche es Euch», antwortete der König, und jener dankte ihm höflich. Nun eilten Knappen herbei, nahmen ihm die Rüstung ab und verwahrten sie sicher. Gauvain in seiner feinen Art brachte ihm einen kostbaren Mantel, den er über seinen Waffenrock anzog: ein wunderschöner Jüngling war er. «Was für ein Ritter!» rief der König aus. «Der weiß sich zu behaupten, scheint mir.» All jene, die ihn sahen, bestätigten, einen so schönen Mann wie ihn hätten sie noch nie gesehen. Er wusch sich die Hände, dann setzte er sich neben Gauvain; der hatte ihn dazu aufgefordert, untadelig, wie er war, und bat ihn, mit ihm zu speisen.

Der König aber wandte sich an Bedoier: «Geht schnell zu dem Ritter, dem da, der mich drängte, ihm jede Bitte zu erfüllen, und fragt ihn, wie er heißt!» – «Das will ich gerne tun», versicherte Bedoier und begab sich zu dem Fremdling. «Herr», sprach er ihn an, «durch mich läßt Euch der König bitten und befehlen, Euren Namen kundzutun: dies wird nur zu Eurem Vorteil sein.» Doch der versetzte: «Den kenn' ich wahrlich nicht, nur eines kann ich dazu sagen: meine Mutter nannte mich immer Lieber Sohn[2]. Ob ich einen Vater habe, weiß ich nicht.»

So kehrte Bedoier zum König zurück, der ihn fragte: «Hat er seinen Namen verraten?» – «Nein, Herr, er kennt ihn nämlich gar nicht und hat auch niemanden, der ihn ihm nennen könnte, bis auf seine Mutter, doch die pflegte ihn Lieber Sohn zu rufen.» – «So werde ich ihm einen Namen bestimmen», erwiderte nun der König, «da weder er ihn kennt noch ich. Die Natur hat ihm alle erdenkliche Schönheit geschenkt, so daß sie in ihm wie aus einem Spiegel hervorstrahlt, und er selbst weiß nicht, wer er ist. Also soll er der Schöne Unbekannte heißen; so werden ihn all meine Leute nennen.»

Die Botin Helie

Gleich nach dieser Begebenheit, die Tafel war noch gar nicht weggetragen worden[3], erschien am Hof ein Mädchen von anmutiger Gestalt und mit einem hübschen Gesicht. Fein in Seide war sie gekleidet: etwas so Reizendes wie sie hatte man noch nie gesehen. Weiß wie Sommerblüten war ihr Antlitz, getönt mit der Farbe von Rosen; die Augen waren leuchtend, lächelnd ihr Mund, die Hände waren weiß und schlank der Leib. Wohlgeformt war ihr Haupt, mit blondem Haar: niemand, weder Mann noch Frau, hatte je ein schöneres. Darauf trug sie ein Diadem aus Gold mit Edelsteinen so wertvoll wie ein Schatz. Im Paßgang[4] ritt sie heran auf einem Apfelschimmel: kein König und kein Graf besaß ein prächtigeres Tier. Reich verziert war der Sattel. Viele Hyazinthe waren darin eingelassen, und kostbarer Emailschmuck überzog ihn ganz; vortrefflich war er, ein Meisterwerk. Über ihn breitete sich eine Seidendecke. Warum sollte ich Euch das Zaumzeug beschreiben? Aus reinem Gold bestand es, übersät mit teuren Steinen, genauso wie die Zügel und Steigbügel. Ein Zwerg begleitete das Fräulein; weder töricht noch gemein war er, vielmehr wohlgesittet und gut erzogen; schmuck war sein Leib, einnehmend sein Gesicht. Sein kleiner Wuchs war sein einziger Fehler. Er trug ein Gewand aus Scharlachstoff, mit Buntwerk besetzt[5]. Äußerst fein herausgeputzt zeigte sich der Zwerg; sein Kleid war ihm auf den Leib geschneidert: eine gar ansehnliche Erscheinung war er. Mit einer Gerte trieb er des Fräuleins Zelter an.[6]

Das Mädchen ritt auf den König zu. Freundlich grüßte sie ihn und all seine Gefährten. Er erwiderte ihren Gruß, huldvoll gab er ihn zurück. Sie aber sprach zu ihm: «Artus, hör mich an! Die Tochter des Königs Gringras läßt dir ihre besten Wünsche entbieten. Inständig bittet sie dich um Beistand, da sie ihn dringend benötigt. Nur einen einzigen Ritter braucht sie, schon einer allein kann sie retten. Um Gottes willen, edler König, hilf ihr! Unter größter Qual, unter heftigstem Schmerz ist sie in bitterste Verzweiflung versunken. Schick ihr einen Ritter, der fähig ist, ihr beizustehen: den besten, den du hast! Bei Gott, ich flehe dich an, säume nicht! O weh! Welch große Pein muß meine Herrin doch erdulden! Zweifellos gelangte zu höchstem Ruhm, wer sie aus dem Unglück erlöste und den Schrecklichen Kuß vollbrächte. Aber er muß unbedingt mutig sein, mehr als irgendein Ritter je zuvor. Kein Feigling darf die Aufgabe erstreben: auf dem Rükken fände er sich alsbald im Sarg.» Helie hieß das Mädchen, das da um Hilfe für seine Herrin bat.

Der König blickte nun in die Runde und wartete, wer ihn um diese Auszeichnung ersuchen werde. Doch er fand keinen, der sich darum bewarb; ganz im Gegenteil: ein jeder fürchtete, er könnte ihm befehlen, sich aufzumachen. Niemand war auf das Wagnis aus, nur der Schöne Unbekannte. Als er dies erkannte, sprang er schnell auf und trat vor den König hin. «Herr», sprach er, «nun sage ich Euch mein Begehren: der Dame will ich zu Hilfe eilen. Jetzt fordere ich Gewährung dessen, was Ihr mir versprochen habt: ausziehen will ich, sie zu retten.» Der König aber widersprach: «Das war ja wohl mit deiner Bitte nicht gemeint. Lieber Freund, du bist noch viel zu jung. Dieser Sache wärest du nicht gewachsen; es ist besser für dich, ruhig hierzubleiben.» Doch jener war damit nicht einverstanden: «Ich berufe mich auf dein Wort und verlange, daß du dein Versprechen hältst. Du tust dann nur, was recht ist, scheint mir: König bist du, du darfst nicht lügen noch gegenüber irgend jemand dein Wort nicht halten.» So gab der König sein Einverständnis: «Da Ihr so darauf erpicht seid, macht Euch nur auf! Darüber hinaus gewähre ich Euch noch eine andere Gunst: als einen meiner Ritter nehme ich Euch in die Tafelrunde[7] auf.»

Da konnte das Mädchen nicht mehr an sich halten und rief: «Das wird er nicht tun! Bei meinem Haupt, niemals wird der mich begleiten! Um den besten Ritter hatte ich dich ersucht, und du hast mir den schlechtesten gegeben; ja, du weißt noch nicht einmal, ob er überhaupt zu irgend etwas taugt. Ein solches Angebot lehne ich ab! Der Ritter ist viel zu jung; einen von den Besten und Stärksten will ich, den da auf keinen Fall; ich brauche einen erfahrenen, einen ruhmreichen Kämpen, den da aber laß aus dem Spiel!» – «Schwester, liebe

Freundin», beschwichtigte sie der König, «er hat meine Zusage, und dazu werde ich stehen; mein festes Versprechen habe ich ihm gegeben, und dieses werde ich treulich erfüllen. König bin ich, ich darf nicht lügen noch gegenüber irgend jemand mein Wort nicht halten.» Laut kreischte jetzt das Mädchen: «Was für ein Fehlschlag! Ich verlasse den Hof! Verflucht sei die Tafelrunde und all jene, die hier auf den Kissen hocken und nicht helfen wollen! Ach, gute, edle Herrin, ich bringe Euch keine Hilfe. Kein Wunder ist es, wenn ich mich beklage, denn von Artus ist nichts zu erwarten! Nein, alles ist mir fehlgeschlagen, ganz und gar! Zwerg, komm, wir gehen!» Mit diesen Worten verließ das Fräulein den Hof. Mitsamt dem Zwerg, dessen Name Tidogolains war, ritt sie eilends davon.

Als der Schöne Unbekannte dieses sah, da schwieg er nicht. Er verlangte gleich seine Rüstung, und sobald er seinen Wunsch geäußert hatte, befahl Gauvain, sie ihm zu bringen. Geschwind ließ er sich wappnen. Er schnürte seine Kettenhose zu, legte die Brünne[8] an, setzte den Helm auf und bestieg sein Schlachtroß. Gauvain gab ihm einen Knappen mit, der ihm Schild und Lanze trug. Möge Gott in seiner Macht ihn schützen!

Er verabschiedete sich vom König und auch von den anderen, so scheint mir, dann brach er auf und zog geschwind von dannen, voll Freude über die Aufgabe, die man ihm gewährte. Der Knappe hieß Robert und war ein sehr verständiger und geschickter Bursche. Im Galopp ging es durch das Tal, denn es galt, das Mädchen einzuholen. Der Unbekannte jagte voran, bis er sie erreichte.

Da drehte sich das Fräulein um, sah ihn und fragte: «Wo reitet Ihr denn hin?» – «Ich will Euch begleiten. Ihr hättet mich nicht so beschimpfen dürfen – und das ohne Grund. Habt Mitleid mit mir, meine Liebe!» Sie aber versetzte: «Bei jenem, der die Welt erschuf: wenn es nach mir geht, werdet Ihr niemals mit mir reiten. Nur gegen meinen Willen könnt Ihr das tun. Ein Grünschnabel seid Ihr, darum will ich Euch nicht mit zu meiner Herrin nehmen; Ihr wäret all dem nicht gewachsen und könntet die harten Kämpfe, denen Ihr Euch stellen müßtet, nicht bestehen und zu

Ende bringen. Es ist besser für Euch, umzukehren; bitte, tut das doch!» Er aber erklärte ohne Zögern: «Um nichts in der Welt, Fräulein, machte ich kehrt, solange in meinem Leib noch Leben ist. Bevor ich die gewünschte Hilfe nicht gebracht habe, kehrte ich um keinen Preis zurück.» Da ergriff der Zwerg das Wort: «Mit Verlaub, Fräulein, nehmt ihn nur mit! Kein Mann verdient Schimpf, bis seine Feigheit erwiesen ist: Was gestern noch verachtet worden, sitzt heute hoch am Brett. Er da ist ein schöner Ritter; mit Gottes Beistand könnte er wohl auch noch Ruhm erringen.[9] Begleite er uns also, in Gottes Namen!» Das Mädchen freilich blieb dabei, kehrtmachen solle er. Der Unbekannte hörte nicht darauf und ritt unverdrossen weiter: ein feiger Rückzug kam ihm nicht in den Sinn.

Der Kampf an der Furt

So zogen sie ihres Wegs in geschwindem Galopp, bis sie an eine Furt gelangten, die man die Gefährliche nennt, weil es ein Wagnis ist, sie zu überqueren.[10] Am gegenüberliegenden Ufer erblickten sie mitten auf einer Wiese eine hübsche Laubhütte aus frischen Zweigen nach der Art von Wales. Neben der Tür lehnte ein Schild, der war oben golden und unten silbern. In der Hütte saß ein Ritter mit zwei Knappen bei einer Partie Schach: höchst vergnüglich vertrieben sie sich damit die Zeit. So harrte der Ritter der Dinge, die da kommen sollten.[11] Dies war schon vielen zum Verhängnis geworden: an der Furt hatte er sie getötet. Bliobl̈eris – so hieß der Mann – war äußerst unbarmherzig, ganz wild und tückisch war sein Sinn. Auf einen besseren Kämpfer war noch keiner getroffen.

«Steht auf!» befahl er seinen zwei Knappen. «Bringt mir geschwind mein Schlachtroß und die Rüstung, denn ich sehe da einen Ritter nahen! Zum Kampf mit ihm will ich mich wappnen. Schaut, er hat ein Fräulein bei sich! Gleich werde ich ihn aus dem Sattel werfen.» Ohne ein weiteres Wort eilten die beiden Knappen, ihn nach seinem Wunsch zu rüsten. Die Kettenhose streiften sie ihm über und banden sie mit Riemen zu. Er bekreuzigte sein Gesicht, stand auf und legte geschwind und flink den Rest der Rüstung an. Seine Brünne zieht er über, den Helm zurrt er fest. Vortrefflich wappnen sie ihn dort auf der Wiese. Über die Brünne streift er noch einen seidenen Waffenrock aus dem Morgenland. Dann wird sein Pferd herbeigeführt, das eine Decke mit seinen Wappenzeichen trägt, und er sitzt auf. Den Schild packt er am Haltegurt, die Lanze stützt er auf den Sattelknauf. So stellte er sich am Wasser auf, dem Ankömmling zugewandt, denn ohne Kampf mit ihm kam keiner über die Furt.

Als das Mädchen ihn gewahrte, rief es voll Zorn seinem Begleiter zu: «Ritter, schaut, was ich sehe! Laßt auf der Stelle davon ab, mir zu folgen! Einen Ritter sehe ich dort drüben, in voller Rüstung, hoch zu Roß. Wenn Ihr Euch weiterwagt, greift er Euch ganz gewiß erbittert an. Weiterreiten wäre Torheit: alsbald wär's mit dir aus. Ich warne dich: Wenn du weiterreitest, bezahlst du das auf jeden Fall mit deinem Leben. Das steht felsenfest!» Der Schöne Unbekannte aber erwiderte trotzig: «Um nichts in der Welt, Fräulein, machte ich kehrt, solange in meinem Leib noch Leben ist. Vollenden werde ich den Weg, denn sonst wäre mein Verhalten allzu feige. Reitet nur hinüber! Wir werden Euch begleiten: Will er ein Lanzenstechen, soll er es haben; will er aber einen Kampf mit dem Schwert, wohlan, so ist es auch gut.» Darauf befahl er seinem Knappen, die Sattelgurte seines Pferdes festzuzurren, und griff sich Schild und Lanze.

Sie überquerten nun die Furt und gelangten auf die andere Seite. Doch sogleich wurden sie dort aufgehalten, und der Recke schrie sie an: «Eine gewaltige Dummheit habt Ihr begangen. Zu Eurem Unglück, Ritter, habt Ihr die Furt durchquert und das Mädchen herübergelotst! Verrückt war es, herzukommen; das werdet Ihr mir teuer bezahlen. Ich fordere Euch heraus. Gebt acht! Denn angreifen werde ich auf jeden Fall. Kampflos kommt Ihr hier nicht vorbei.» Der Schöne Unbekannte hörte ihn an und antwortete sehr freundlich: «Lieber Herr, laßt uns durch! Ein längerer Aufenthalt auf unserer Reise kommt uns nicht gelegen: König Artus schickt uns aus, einer Dame beizustehen. Diese Dame hier ist meine Führerin und ihre Zofe, so sagt sie. Sie brachte die Botschaft, die mich ausziehen ließ, zu König Artus. Gott gebe, daß ich meine Aufgabe zu einem guten Ende führe!» Jener aber drohte noch einmal: «Ohne Kampf werdet Ihr gewiß nicht von dannen ziehen. Das ist der Brauch beim Überqueren dieser Furt. Meine Sippe hat es so gehalten und auch ich fürwahr seit mehr als sieben Jahren. Manchen habe ich verwundet, manchen wackeren, angesehenen Ritter vom Pferd geworfen und getötet.» Da versetzte der Unbekannte: «Wegelagerei ist das. Mit aller Kraft werde ich mein Leben verteidigen. Bei Euch kann ich kein Erbarmen finden, deshalb will ich auch nicht weiter bitten.»

Sie gingen auf Distanz; aufs beste bereiteten sich beide vor. Schließlich sind sie einander zugewandt. Kräftig spornen sie die Pferde. Gleich werdet Ihr nun sehen, wer von beiden unterliegt. Bliobl'eris reißt seinem Gegner beim Lanzenstechen den Schild vom Hals, doch seine Lanze geht dabei in Stücke und zersplittert; das Mädchen sieht es wohl. Der Schöne Unbekannte trifft genau, unter dem Schildbukkel geht sein Stoß nach oben. Den Schild durchsticht er und sprengt das Kettenhemd; tief ins Fleisch stößt er das scharfe Eisen. Aus dem Sattel wirft er seinen Gegner, die Steigbügel können den Sturz nicht verhindern: auf dem Boden landet er auf seinen Händen. Doch er ist mutig, und so springt er behende auf und greift zu seinem Schwert. Kaum ist er wieder zu Atem gekommen, haut er gewaltig damit zu mit solcher Wucht, daß er mit einem Hieb das Roß des Unbekannten niederstreckt.[12] Beide stehen sich nun ohne Vorteil am Boden gegenüber. Die Schwerter fest in der Hand, versetzen sie sich gegenseitig Schläge voller Kraft. Zielsicher treffen die blanken Klingen die Helme und Schilde. Ein Feuerwerk glühender Funken lassen sie aus den Helmen stieben; gar grimmig tobte der Kampf zwischen beiden. Doch gegen Ende ermattet Blioblïeris, denn unentwegt verliert er Blut aus der erlittenen Wunde: nichts kann er dagegen tun. Wieder und wieder greift der Schöne Unbekannte an, schlägt zu. Oben auf den Helm trifft er so machtvoll, daß er den Gegner in die Knie zwingt. Da vermag der nicht länger standzuhalten, zu schwer ist er verletzt; inständig fleht er den Sieger an, ihn um Gottes willen nicht zu töten; er werde alles tun, was er nur wolle, und niemals sein Gebot mißachten: «Wenn du willst, bin ich dein Gefangener, und du wirst durch mich zu Ruhm gelangen.» – «So zieht in meinem Namen zum Hof von König Artus!» Darauf gelobte jener feierlich, sich unverzüglich an den Hof des Königs Artus zu begeben. Auf Treu und Glauben versprach er das.

Über diesen Sieg im Kampf freute sich der Zwerg von Herzen und tadelte das Mädchen: «Mein Fräulein, den Ritter zu beschimpfen war gar nicht recht von Euch: die Guten bedürfen keiner Ruten. Tapfer hat er uns den Weg freigeräumt. Meine Liebe, allzusehr habt Ihr ihn verachtet. Er ist ein Held, den wir ehren sollten! Gott erhalte ihm seine Kraft, auf daß sie uns noch lange nütze!»

Sehr freundlich war der Zwerg; auch das Mädchen erklärte: «Gut hat er es gemacht. Aber das eine muß klar sein: wenn er uns begleitet, gibt es kein Zurück mehr. Er wird den Tod erleiden; das ist sehr schade, denn er ist mutig und beherzt.» Und schon versicherte der Unbekannte, gleich als er das hörte, um keinen Preis kehre er zurück, ohne Hilfe gebracht zu haben. «Also dann vorwärts!» sagte das Mädchen. «Die Nacht bricht an, und wir vertun hier nutzlos die Zeit.»

Robert hatte das Pferd des besiegten Ritters beim Zügel genommen und führte es geschwind zu seinem Herrn. Der schwang sich in den Sattel, und Robert nahm die Lanze und den Schild. Ohne Furcht konnten sie jetzt weiterziehen. Der Schöne Unbekannte ritt im Galopp davon, der andere aber blieb zurück und jammerte wegen seiner Wunde. Die zwei Knappen trugen ihn in seine Hütte, zogen ihm die Rüstung aus und legten ihn auf ein bequemes Lager; doch eine Freude war das nicht für ihn, verletzt, wie er dalag, schmerzgeplagt und verzweifelt. Plötzlich aber kamen Blioblïeris seine drei Gefährten in den Sinn, deren Namen ich Euch wohl zu nennen weiß: der Herr von Saies, dann Elins der Weiße, der treffliche Ritter von Graies, sowie Willaume von Salebrant. Diese gar wackeren, tapferen Männer waren seine Waffenbrüder und taten ohne Widerspruch, was er befahl. Die drei, die ich erwähnte, waren auf Beute aus, erproben wollten sie, ob sie welche fänden; für die Nacht jedoch wurden sie zurückerwartet. Am Tage suchten sie Beute; brach aber das Dunkel der Nacht herein, so kehrten sie heim zur Gefährlichen Furt, die zu überqueren ein solches Wagnis ist. Blioblïeris erwartete sie dort, denn gar wild und kampfeslustig waren sie. Wenn sie kein einträgliches Abenteuer aufhielt, so durfte er sicher damit rechnen, daß die Genannten am Abend an der Furt erscheinen würden.

Der Tag vergeht, die Nacht zieht auf, und unversehens wird es dunkel. Seht, da nahen schon die Ritter, alle drei in voller Rüstung hoch zu Roß. Zu ihrem Herrn eilen sie, den sie durch die erlittene Wunde sehr schlimm und übel zugerichtet finden. Da bedauern sie ihn laut; er aber weist sie zurecht: «Hört auf zu klagen, sinnt lieber darauf, mich zu rächen! Ich bin nun auf Eure Hilfe angewiesen. Ein Ritter ist hier durchgezogen, der beste, den Ihr jemals sehen werdet; gegen den habe ich gekämpft, er hat mich bezwungen, und jetzt bin ich ganz und gar in seiner Hand. Ein geschickter Kämpfer ist das, ich habe es erlebt. Bei sich hat er einen Knappen und ein schönes Fräulein mit einem Zwerg. Jämmerlich hat er mich aus dem Sattel geworfen, danach ist er seines Wegs gezogen. Wollt Ihr wissen, wie der Ritter heißt, dessen Gefangener ich nun bin: Schöner Unbekannter hat er sich genannt. Doch wahrlich, er hat mir einen solchen Hieb versetzt, daß ich seinen Namen kaum verstanden habe. Gefährten, auf, ihm nach, ergreift ihn oder tötet ihn! Wenn er sich ergibt, schafft ihn her, so wird er mich von meinem Eid entbinden.» Ein gar falscher Kerl war das! Jene aber versicherten ihm: «Falls wir ihn finden können, gibt es für ihn kein Entrinnen, dann ist er ein toter Mann oder in unserer Gewalt. Ihr sollt ihn haben, wie Ihr es wünscht.» Damit sprangen die drei Waffenbrüder in voller Rüstung auf die Pferde, nach Rache dürstend, und zogen los; ganz wild und tückisch war ihr Sinn. Mit Freuden hätten sie sich auf der Stelle gerächt, wäre dies nur möglich gewesen. Gott nehme sich nun des Unbekannten an, denn falls sie ihn finden, geht es um sein Leben!

Völlig ahnungslos ritt der dahin. Einen weiten Weg legten sie an diesem Tag zurück, und gegen Abend erblickten sie im Wald eine Lichtung, wo das Gras gar lieblich duftete. Da überlegte das Mädchen und rief dem Ritter zu: «Herr, laßt uns hier bleiben und auf dieser schönen Wiese rasten! Es wäre nutzlos, weiterzuziehen, denn in dieser Gegend fänden wir ringsum eine Tagereise weit weder Stadt noch Haus.» Gern stimmte jener dem Vorschlag zu. So stiegen sie von ihren Pferden und lagerten dort. Nun möge Gott sie vor Schaden bewahren! Zum Abendessen gab es nichts; darein mußten sie sich für diese Nacht schicken. Robert war ein gar rühriger Knappe. Als erstes zog er seinem Herrn geschwind die Rüstung aus, danach versorgte er flink sein Pferd. Zusammen mit dem braven Zwerg, der hoch in meiner Achtung steht, hielt er Wache bei den Tieren. Sehr tüchtig war Robert und treu, von feiner Wesensart und wohlerzogen.

Der Tag ging zur Neige, die Dunkelheit brach herein. Schon war ein großer Teil der Nacht vorüber, und hoch am Himmel stand der Mond. Schlummernd lag der Unbekannte in dem frischen Gras. Das Fräulein ruhte neben ihm, auf seinen Arm gebettet. Seite an Seite schliefen sie, und über ihnen sang die Nachtigall. Plötzlich schreckte der Ritter hoch, im grünen Gras richtete er sich halb auf. Aus dem Wald drang ein Schrei, vier Bogenschüsse weit entfernt. Sehr süß ist die Stimme, die dort ruft. Hilfe braucht sie, so klingt es. Gellend hallt ihr Ruf, ihr Jammern und Schreien wie von einem Geschöpf in Not und Pein. Gott den Schöpfer fleht sie an. Aufmerksam lauschte der Ritter der Klage, die da an seine Ohren drang: schon wieder ertönte ein Hilferuf. Auch das Fräulein schreckte aus dem Schlaf empor, und gleich fragte sie jener: «Ah, Fräulein! Hört Ihr das Schreien, Klagen und Stöhnen?» – «Das ist bloß ein Hirngespinst, meine ich. Laßt es nur schreien! Das hat nichts zu bedeuten. Mir jedenfalls ist das Geheule völlig einerlei. Schlaft weiter und achtet nicht darauf!» Er aber antwortete dem Mädchen: «Inständig ruft die Stimme da Gott an; Hilfe braucht sie, so klingt es; darum fleht sie bittend zum Herrn. Deshalb will ich hingehen, um ihr beizustehen. Nach Kräften will ich ihr helfen, wenn ich sehe, daß das nötig ist. Das muß ein edles Wesen sein, meine ich.» – «Das werdet Ihr nicht tun!» widersprach ihm das Fräulein und bat ihn inständig, zu bleiben. «Abenteuer suchst du also?» fragte sie ihn. «Da liegen noch schreckliche vor dir auf deiner Bahn. Jetzt ist überhaupt nicht daran zu denken: von deinem Weg abweichen, das darfst du nicht. Ich glaube, Ihr werdet mehr erleben, als Euch lieb ist und Ihr ertragen könnt, bevor Ihr meine Herrin trefft. Ihr werdet viel erdulden müssen, wenn Gott Euch denn vor dem Tod bewahren will, mehr als jeder Ritter auf der Welt.» Doch er drängte noch einmal: «Fräulein, laßt mich gehen!» – «Macht, was Ihr wollt, Ritter, keinen roten Heller gäbe ich darum! Ich sehe klar und deutlich, gleichgültig bin ich Euch: meinen Worten schenkt Ihr kein Gehör. Leid wird Euch das noch tun, ich werde es erleben. Gegen meinen Willen bist du mir hierher gefolgt, und auch jetzt richtest du dich nicht nach meinem Wünschen.» Und er beharrte in der

Tat: «Doch, ich will nachschauen, was da schreit, ganz gewiß.»

Darauf befahl er seinem Knappen Robert, ihm sein Pferd zu bringen. Augenblicklich schüttelte der den Schlaf ab und führte den Grauschimmel herbei. Der Unbekannte bekreuzigte sich, saß auf und griff sich Schild und Lanze mit wachsender Entschlossenheit. Allein zurückbleiben wollte das Mädchen nicht, weil es das für Leichtsinn hielt: sie hatte Angst, ihn nicht wiederzufinden. So stieg auch sie aufs Pferd, nach ihr der Zwerg, der nicht falsch und nicht gemein war, und unter Führung des Knappen brachen sie gemeinsam in die Richtung auf, aus der die Schreie kamen. Robert voran, ritten sie geschwind durch den Wald. Immer näher kamen sie der Stimme, die dort schrie; schon konnten sie sie deutlich hören.

Da erblickten sie ein mächtiges Feuer, und auf der Stelle hielten sie an. Robert zeigte hin, und nun wußten sie, was da geschrien hatte. Zwei gewaltige Riesen waren dort, häßliche Kerle, widerwärtig und böse. Der eine hielt ein Mädchen gepackt; das wäre wunderschön gewesen, hätte es nur nicht solche Angst gehabt; doch vor Entsetzen war es schier außer sich. Verzweifelt klagte sie, jammerte und schrie wie ein Geschöpf in Not, denn einer der Riesen umklammerte sie und wollte ihr Gewalt antun. Eher wollte sie sterben, als das zu erdulden. Der zweite Riese saß am Feuer, auf der anderen Seite, damit beschäftigt, einen Braten zu bereiten [. . .][13], und dazu machte er sich Pfeffertunke. Erst sollte der eine seinen Spaß mit dem Mädchen haben, dann wollten sie gleich essen.

Sobald der Ritter das sieht, ruft er Fräulein Helie, seine Begleiterin. Er zeigt ihr das schöne Mädchen in der Gewalt des Riesen und versichert ihr, er werde sie befreien und mit den Riesen kämpfen. «Willst du etwa sterben?» fragt ihn darauf Helie. «Wenn du mit den Riesen kämpfst, ist es nämlich aus mit dir, soviel ist gewiß. Tückische, gefährliche Schläger sind das. Das ganze Land hier haben sie verwüstet; deshalb haben wir im Freien auf einer Wiese übernachtet, denn eine Tagereise weit haben sie ringsum kein Haus verschont. Alles haben sie zerstört und die Leute umgebracht. Das ganze Land hier ist ihnen ausgeliefert. [...] Wer nicht das Weite sucht, der ist unweigerlich des Todes. Kämpf nicht mit ihnen! Wir wollen uns lieber davonmachen und diesen Teufeln aus dem Weg gehen!» Er freilich schenkt ihr kein Gehör; von Heldenmut getrieben, will er sein Leben wagen.

Heftig spornt er sein Pferd, prescht auf die Riesen zu und schreit: «Eine Geliebte wie das Fräulein da paßt nicht zu Euch!» Und schon wirft er sich im Galopp dem Schänder entgegen. Neben die Brustwarze trifft er ihn, und tief ins Herz jagt er ihm das Eisen. Das Auge des Riesen bricht, tot fällt er in die Flammen. Gleich wendet sich nun der andere gegen ihn, seine Keule schlagbereit auf der Schulter. Durch seinen Schild gedeckt, weicht der Unbekannte aus und gibt dem Pferd die Sporen, doch er trifft den Gegner nicht. [...], der aber haut ihm den Schild weg, und um ein Haar hätte er mit einem Hieb sein Pferd getötet und ihn selbst ganz übel zugerichtet. Wen Gott in Schutz hält, der bleibt wohl, wär' auch die Welt des Krieges voll. Diesmal hat ihn Gott in seiner Huld behütet. Zu seiner Keule rennt der Riese, rasend ob seines

Kumpans, den er tot beim Feuer liegen sieht. Auf der Stelle muß er Rache nehmen, keinen Pfifferling wäre er sonst wert, denkt er. Sein Knüttel war aus Mispelholz. Wieder sprengt der Ritter auf ihn los; beim Aufprall stößt er ihm die Lanze durch die Lenden. Der Riese dreht sich um: packen will er den anderen. Der zieht sich geschwind zurück. Vom Leib will er sich den Riesen halten, denn an einem Ringkampf liegt ihm nichts. Jener hat jetzt seine Keule wieder; da ihn seine Wunde schmerzt, gerät er nur noch mehr in Wut. Heimzahlen wird er das dem Ritter, und zwar unverzüglich. Er stürmt auf ihn los und hebt die Waffe zum Schlag. Der Unbekannte aber sieht den kommen und reißt sein Pferd herum. Er wartet nicht dumm und träge, denn besser geflohen als übel gefochten, und hier ist Gegenwehr sinnlos. In der Tat trifft der Riese einen Baum mit solcher Wucht, daß er ihn mit allen Ästen fällt. Aus den Fäusten fliegt ihm die Keule. Ich glaube, es wird ihm schlecht ergehen, bevor er sie wieder in den Händen hält. Sein Widersacher nämlich stürzt sich mit dem Schwert auf ihn und führt einen wohlgezielten Schlag; kraftvoll trifft er mitten auf den Schädel. Durch das Hirn bis zu den Zähnen treibt er die Klinge und tötet ihn so. Dann zieht er das glänzende Schwert wieder heraus, der Riese aber fällt ins dichte Gras. Damit war der Kampf siegreich bestanden.[14]

Der Ritter stieg vom Pferd, und Robert eilte flugs herbei, ihm aus seiner Rüstung zu helfen: er zog ihm den Helm vom Kopf, das Schwert gürtete er los. Erst nahm er ihm Helm und Mundschutz[15] ab, darauf die Brünne aus blanken Ringen. Weit hinten im Wald war der Zwerg zurückgeblieben, denn näher kommen wollte er nicht. Fräulein Helie an seiner Seite war durch den Kampf, den sie gesehen hatte, noch ganz verängstigt und verstört. Da sprach der Zwerg zu ihr: «Mein Fräulein, den Ritter zu beschimpfen war gar nicht recht von Euch. Er weiß sich zu behaupten, scheint mir. Ja, das glaube ich, überzeugt bin ich davon: das ist ein wahrhaft wackerer Bursche; ich habe ihn beobachtet, in den beiden Kämpfen hier und in jenem gegen Blioblïeris. Auf Verachtung folgt oft Reue. Jedenfalls, daran gibt es nichts zu deuteln, ist seine Tüchtigkeit gewaltig.» – «Lieber Freund», antwortete ihm da Helie, «wenn ich je schlecht über ihn gesprochen habe, will ich ihn nun um Verzeihung bitten; es stimmt, ich habe ihn immer wieder beschimpft.»

So ritt sie zu dem Ritter hin, stieg von ihrem Zelter ab, ging auf ihn zu und sprach ihn sehr freundlich an. Dann bat sie ihn gleich, ihr die Schmähungen zu vergeben. Dieses Mal möge er ihr noch verzeihen und zur Strafe von ihr fordern, was er wolle. Jener erwiderte dem Mädchen: «Mein Fräulein, ich verzeihe Euch, da Ihr mich darum gebeten habt; alles sei Euch damit vergeben.» Das Fräulein verneigte sich vor ihm und dankte herzlich und wortreich. Sie blieb bei ihm, während Robert sich um die Pferde kümmerte. Sie lagerten sich am Feuer; bei Tagesanbruch wollten sie weiterziehen.

Nun trat das Mädchen zu ihnen, das der Unbekannte der Gewalt und schlimmen Pein, welche die Riesen ihm bereiteten, entrissen hatte. Gar hübsch war sie, zart und frisch wirkte ihr Antlitz. Vor lauter Freude über die Befreiung war das Rot in ihre Wangen zurückgekehrt. «Du, Herr, hast mich vor der Gefahr bewahrt und mir das Leben gerettet. Aus Qual und Schmerz, Bedrängnis und Verzweiflung, aus den Nöten, in welche ich geraten war, hast du mich erlöst. Aus der Hand der Riesen hast du mich befreit, deine Magd will ich dafür auf ewig sein.» Damit warf sie sich ihm zu Füßen. Er hob sie auf, in Freudentränen brach sie nun aus. Er aber hieß sie neben ihn ins Gras sich setzen und fragte, wie die Riesen sie denn hätten ergreifen und hierherschleppen können; auch wie sie heiße, solle sie ihm offen sagen, wer sie sei und woher sie komme. «Das will ich tun, ohne etwas zu verheimlichen», sagte das Mädchen. «Mein Name ist Clarie, ja wahrhaftig, so nennt man mich, und mein Bruder ist Sagremors. Der Riese hat mich bei meinem Vater überfallen. Heute morgen ging ich in einen Garten, um dort zu lustwandeln.[16] Beim Eingang lauerte der Riese; die Tür fand er unverriegelt, und so hat er mich überfallen und fortgezerrt und hier seinen Kumpan getroffen. Ihr habt mich im Kampf erobert. Genauso, Herr, hat es sich zugetragen, ja fürwahr.»

Unterdessen hatten Robert und der Zwerg in der Höhle dreißig Laibe Brot entdeckt, auch weiße Tischtücher, Trinkschalen, Pökelschinken und fette Vögel, die bereits gebraten und hergerichtet waren, außerdem noch guten Wein in reichlicher Menge. Darüber waren beide froh und glücklich, denn nun gab es in Hülle und Fülle zu essen. Was sie da gefunden hatten, war der Unterschlupf und die Speisekammer der zwei toten Riesen, die das Land verwüstet hatten. Doch jetzt hatte sich das Blatt gewendet, wie die Bauernweisheit lehrt: «Beim heiligen Martin, nicht alle, die gesäet, ernten.» Jetzt, da er genug zu essen gefunden hatte, eilte Robert zu seinem Herrn: «Alles könnt Ihr bekommen, was immer Ihr wollt; sogar an einem weißen Tischtuch fehlt es nicht.» – «Sagst du mir da auch die Wahrheit?» fragte ihn der Unbekannte. «Können wir wirklich etwas zu essen haben?» – «Aber ja doch», bestätigte der Knappe, «ich habe nämlich das Versteck der beiden toten Riesen hier entdeckt; Ihr könnt essen, soviel und was Ihr wollt.»

Und schon sprang jener auf, nahm die

zwei Fräulein bei der Hand und führte sie zu der Stelle. Robert wartete ihnen formvollendet auf, der Zwerg reichte jedem das Wasser. Nach dem Händewaschen breiteten sie die Tücher auf das Gras; die Mädchen setzten sich, der Unbekannte nahm ihnen gegenüber Platz und zeigte sich als aufmerksamer Tischherr. Der Zwerg bediente sie, vor allem aber Robert, der sehr verständig und geschickt war. Er war Koch und Seneschall, Kellermeister und Stallknecht, Kammerdiener und Schildträger. Diese Ämter versah er alle mit großem Können. Dabei half ihm der Zwerg aufs beste. Vom Dienst bei Tisch verstanden beide viel. Als sie ihren Hunger gestillt hatten, entfernte der Zwerg die Tücher, und die Mädchen erhoben sich vom Mahl. Die wackeren Diener ihrerseits speisten nun genüßlich, die Fräulein aber bedienten sie. Lange Plaudereien gab es nicht. Gleich nach dem Essen eilten sie zu ihren Pferden und versorgten sie gewissenhaft und gut. Getreide schütteten sie ihnen reichlich hin, welches aus dem Vorrat der Riesen stammte, die das Land verwüstet hatten.

Der brave Robert war nicht müßig. Er hatte noch kein Gras für seine Pferde; da entdeckte er eine Sichel, mit der ging er auf die Wiese, um dort Gras zu schneiden. Doch plötzlich sah er drei Ritter auf schnellen Rossen gewappnet nahen. In geschlossener Formation kamen sie heran, wohlgerüstet von Kopf bis Fuß. Das waren die drei Waffenbrüder, deren Namen ich Euch wohl zu nennen weiß: der eine war Elins von Graies, der andere der Herr von Saies, der dritte Willaume von Salebrant, ein gar tapferer Mann. Sie waren auf der Spur des Schönen Unbekannten: lebendig oder tot wollten sie ihn haben. Robert floh, als er sie erblickte; schnurstracks eilte er zu seinem Herrn, der auf dem grünen Rasen ruhte, die beiden anmutsvollen, schönen Fräulein gegenüber.

Unverzüglich weckte er ihn auf und nahm ihn beiseite, um ihn zu warnen: «Schnell, Herr, wappnet Euch! Macht Euch bereit, Euch zu verteidigen! Gebt Euer Bestes; nur keine Angst! Ich sehe dort drei Ritter nahen, in voller Rüstung, hoch zu Roß. Ich denke, und da bin ich mir fast sicher, daß die Euch haben wollen, sei es nun lebendig oder tot. Gleich sind sie hier. Jetzt gib dein Bestes und leiste ihnen harten Widerstand!» Darauf kehrten sie zu den Fräulein zurück und erzählten ihnen die Neuigkeit. Robert aber drängte: «Ihr verschwendet nur nutzlos Zeit! Um Gottes willen, beeilt Euch! Diese Zeitvergeudung macht mich krank.» Gleich war sein Herr jetzt auf den Beinen; er wollte, er wäre schon fertig gewesen; doch noch bevor er bereit war, preschten ihm die Räuber[17] bei dem Felsen von Valcolor auch schon entgegen.

Ungestüm sprengte der erste vorwärts und rief den Gefährten zu: «Ich sehe ihn, ich sehe ihn!» Er kam heran und sagte: «Vasall, Schmach und Schande habt Ihr uns zugefügt. Zu Eurem Unglück seid Ihr an der Gefährlichen Furt gewesen! Angreifen werde ich Euch auf jeden Fall.» Wäre Helie nicht dazwischengetreten, wäre der Ritter auf der Stelle gefangen oder getötet worden. Ein gar mutiges Fräulein war das. Laut rief sie dem Herausforderer zu: «Bei Gott, ihr Herren, was für ein gemeines

Verhalten! Ihr wollt einen Unbewaffneten angreifen? Eine arge Schande wird es für Euch sein, wenn Ihr ihn anrührt, wehrlos, wie er ist. Gebt nur acht, ihr Herren, und tut nichts, was Euch entehrte: schlimmeren Schimpf kann ich mir nicht denken! Ihr Herren, laßt ihn sich rüsten! Das dürft Ihr ihm nicht verwehren. Ohne Gottes Beistand ist er gegen Euch drei sowieso verloren. Ich glaube, er ist Euch unterlegen, doch einen bewaffneten Gegner zu besiegen bringt Euch bestimmt größeren Ruhm. Großmut steht gewaltigen Herren wohl an.» Die Ritter hatten haltgemacht, und Willaume sprach als erster: «Was sie sagt, ist richtig, ihr Herren. Laßt ihn sich rüsten! Das macht nichts aus: er kann uns nicht entkommen.» Jene stimmten zu: «Ja, er soll gehen und sich wappnen!» Darauf zog der Unbekannte sich zurück.

Hell loderte das Feuer, und es leuchtete der Mond, denn der Tag war noch fern. Der Schöne Unbekannte legte nun seine Waffen an: seine Brünne zog er über, den Helm zurrte er fest; sein Schwert gürtete Helie ihm um. «Gebt acht», mahnte sie, «daß Ihr bei diesem Treffen meine Herrin nicht vergeßt! Ich bete zu Gott, er möge Euch in seiner Huld Kraft und Stärke geben, ihr selbst und ihrem Lande beizustehen.» Seht, man bringt sein Pferd, und er springt in den Sattel. Das Mädchen reicht ihm seinen Schild, den nimmt er beim Band und hängt ihn sich um den Hals[18]; dann packt er die Lanze. Er fleht zu Gott, ihm heute nacht in seiner Macht den Sieg zu schenken und ihn vor Übel zu bewahren. Auf den Knien beten auch die Fräulein inbrünstig zum Herrn, er möge ihren Ritter in diesem Kampf beschützen und ihn gewinnen lassen.

Furchtlos gab jener seinem Pferd die Sporen und sprengte den dreien entgegen. Wohlgerüstet und angriffslustig stellte sich Willaume ihm als erster, wirklich ganz allein. Damals nämlich war es Brauch, daß ein Mann im Kampf nur gegen den anzutreten hatte, der ihm gerade gegenüberstand. Heutzutage, in diesen Zeiten des Verfalls, verkommt allmählich jene Sitte, und fünfundzwanzig stürzen sich auf einen. So verbreitet ist das schon, daß es alle tun. Stets mäht die Sense mit Gewalt die Halme nieder: ins Gegenteil verkehrt ist alles. Früher, da gab es noch Treue und Edelmut, Mitleid, Tapferkeit, Vornehmheit und Freigebigkeit ohne Makel; jetzt aber herrschen Zügellosigkeit und Täuschung. Doch genug davon, denn ich möchte Euch von anderem berichten: Wie der Schöne Unbekannte gegen die drei Ritter kämpfte, das will ich erzählen.

Willaume stellte sich ihm als erster, wie bereits gesagt, und wahrlich ganz allein ohne einen Gefährten oder Waffenbruder; auf einem Gascognerpferd kam er heran, bestens gerüstet, wie es ihm entsprach. Grimmig stürmten sie aufeinander los. Auf die Schilde prallte der Stoß der Lanzen: die eisernen Spitzen zerbrachen, das Holz zerbarst. Erbarmungslos war dieses Treffen, das einem von ihnen zum Verhängnis werden wird. Willaume traf als erster: durch den Buckel des Schildes hindurch fuhr die Lanzenspitze hinein in die Brünne; doch fest, wie sie war, hielt sie das aus. Die Lanze aber knickte ihm in der Faust. Wackere Streiter waren beide. Auch der Schöne Unbekannte trifft: er durchstößt den Schild, sprengt die Brünne und treibt das Eisen tief in den Leib des Gegners; aus dem Sattel fällt er tot zu Boden. Der wird ihm heute nichts mehr zuleide tun!

Doch schaut! Schon naht voll Ungestüm der Herr von Graies; jener von Saies hält sich noch zurück. Da er seinen Gefährten hatte sterben sehen, versetzt er dem Unbekannten einen rüden Stoß auf den Schild: der wird zerschmettert und zerspalten, auch seine Brünne wird durchlöchert und zerfetzt. Um ein Haar hätte er ihn verletzt, doch da gleitet das Eisen ab. So fügt er ihm nicht die geringste Wunde, ja keinen Kratzer zu. Im Gegenzug hat der Unbekannte seine Lanze Elins von Graies kraftvoll genau vor die Brust gerammt: seine Brünne wird zerrissen und zerfetzt. Ob er nun will oder nicht, am Ende dieses Waffengangs kippt ihn sein Gegner von seinem guten Roß. So unsanft läßt er ihn zu Boden gehen, daß er sich den rechten Arm bricht. Die zwei werden ihn gewiß nicht mehr belästigen, nur noch gegen einen gilt es anzutreten.

Als der Herr von Saies den von Graies verwundet sieht, schaut, da naht er gleich voll Ungestüm; er war ein erprobter und kampftüchtiger Ritter, erfahren im Gebrauch der Waffen und zäh; in voller Rüstung nahte er auf seinem Pferd Gramadone. Wegen seiner Gefährten war er ganz von Sinnen, und vor Wut war sein Gesicht rot angelaufen. Vorwärts stob er über das Feld. Kaum gewahrt ihn der Unbekannte, wendet er auch schon sein Pferd und reitet stracks auf ihn los. Beide spornen ihre Rosse, denn mit voller Wucht wollen sie zusammenprallen. Und in der Tat wirft die Gewalt des Lanzenstoßes beide aus dem Sattel. Gleich springen sie wieder auf und blicken einander an, die Hand an ihren guten, scharfen Schwertern. Auf ihre Helme prallt der Stahl der Klingen, so daß sie tönen. Verbissen schlagen und dreschen sie aufeinander ein; ein Angriff folgt dem anderen. Oft zwingt die Wucht der Hiebe sie in die Knie. Schon sind die Helme völlig verbeult und die Schilde zertrümmert. Doch endlos, bis in die Frühe, zieht sich der Zweikampf noch hin.

Bei Tagesanbruch, als der Morgen graute, packte die Wut den Unbekannten: er holte zum Schlag aus. Der Herr von Saies wollte in Deckung gehen, da strauchelte sein Pferd in einer Vertiefung im Boden und stürzte. Schon war der Unbekannte über ihm; sein Gegner versuchte sich zu befreien und seinen Fuß hervorzuziehen, denn er wollte wieder auf die Beine kommen. Doch alle Anstrengung war vergebens: der Ritter hielt ihn gepackt, bis er versprach, sein Gefangener zu sein. So fest war sein Griff, daß es ihm unmöglich war, sich zu erheben. Erst zerrt der Unbekannte ihm den Helm vom Kopf und reißt seinen Mundschutz weg, dann erklärt er ihm, er sei ein toter Mann oder er ergebe sich jetzt augenblicklich. Da sieht der Herr von Saies klar und deutlich, daß er verloren hat, und zum Sterben ist er noch nicht bereit. Voll Demut bittet er also um Erbarmen. «Wenn dir dein Leben lieb ist», fordert jetzt sein Gegner, «so versprich, daß du in meinem Namen als Gefangener an den Hof von König Artus ziehst. Sonst werde ich dir mit diesem Schwert das Haupt abtrennen.» Darauf gelobt ihm jener feierlich, sich ohne Säumen geradewegs zum Hof von König Artus zu begeben; der Ritter nimmt sein Ehrenwort an; die Fräulein aber freuen sich und lassen die

Pferde satteln. Der Kampf ist vorbei, und über das Land breitet sich die Helle des Tages.

Nun gedachte der Herr von Saies aufzusitzen, doch der Unbekannte stellte ihm noch manche Frage, da er alles über ihn erfahren wollte: warum er unterwegs sei und zu welchem Zweck, wer seine zwei Begleiter, die ihn angegriffen hätten, seien und was sie suchten. Bereitwillig gab ihm jener Auskunft: «Herr, ich will Euch die reine Wahrheit sagen, offen, ehrlich und rückhaltlos. Ich selber bin Herr von Saies; er, der dort schwerverwundet mit gebrochenem Arm daliegt, das ist der Herr von Graies, Elins mit Namen; der andere ist Willaume von Salebrant, um dessentwillen ich untröstlich bin. Im Auftrag unseres Herrn sind wir hierhergekommen, dieses Unglück verdanken wir nur Bliobl'eris. Beim Überqueren der Gefährlichen Furt seid Ihr auf ihn getroffen und habt ihn gar übel zugerichtet. Deshalb hat er uns tatsächlich hinter Euch hergehetzt, denn wir sollten Euch auf jeden Fall, lebendig oder tot, in die Hand bekommen. Das werden böse Neuigkeiten für ihn sein, die ich ihm bei meiner Rückkehr überbringen muß, danach wird es ihm noch schlechter gehen. Rache ist ein Schwert, das den, der's zieht, versehrt. Wer höher steigen will, als er kann, ist ein geschlagener Mann.»

Nun saß der Herr von Saies auf; er nahm Elins von Graies mit, und der Schöne Unbekannte bat ihn, auch Clarie mit sich fortzuführen und sie in seinem Namen zu ihren Eltern zu geleiten. Darüber war das Mädchen froh. Alle anderen aber, Helie, der Zwerg und Robert, der nicht gemein war, sowie auch sein Herr, machten sich fertig und bereit zum Aufbruch. In Richtung Öde Stadt geht nun ihr Ritt. Ausführlich werdet Ihr noch hören, was dort geschah.

Ewige Treue

Jetzt aber lauscht meinen Worten! Ich will Euch die Wahrheit erzählen. Und dies, so hoffe ich, wird nimmer mein Schaden sein. Mögen andere ihre Liebe vergessen, ich kann es nicht. Jene, von der ich mich nicht zu trennen vermag, sie will ich um keinen Preis vergessen. Nein, Gott gebe, daß ich sie niemals täusche!

Geübte Verführer behaupten und verbreiten unter sich: «Betrug an einer Frau ist keine Sünde.» Aber sie verstehen es, schändlich zu lügen: das ist im Gegenteil eine gar schwere Sünde, bei meiner Seele. Ihr wollt also eine Dame, die mit Liebe nichts im Sinn hat, umwerben, sie mit süßen Worten umschmeicheln, bis die Liebe sie schließlich doch überkommt, sie Tag für Tag mit flehenden Bitten bedrängen, bis Ihr ihr schließlich das Herz raubt? Davor möge Gott uns behüten! All ihre Freunde, ihren Mann, der sie liebt, wird sie um Euretwillen verlieren. Habt Ihr dann alles von ihr bekommen, wollt Ihr sie sogleich betrügen. Unglück komme über den, der stets so verfährt, doch auch den, der es nur einmal tut, soll es treffen!

Jene angeblichen Kenner der Liebe sind nur verlogene Schurken und Schwindler. Ich begehe lieber eine Tollheit, als der Liebsten mein nicht treu zu sein. Nein, das ist sie ja nicht, das Wort ist falsch. Wie soll ich sie denn nennen? Innigstgeliebte? Ja, diese Bezeichnung entspricht der Wahrheit; wenn ich Liebste sage, lüge ich, denn sie erwidert mein Begehren nicht. Ach, ich

Armer! Für sie sterbe ich, und für sie singe ich. Auf Gnade und Ungnade bin ich ihr für immer ausgeliefert.

Der Jäger mit dem weißen Hündchen

Nun aber will ich wieder von dem Unbekannten sprechen, der von dannen zieht. An seine Seite gesellte sich Helie und erzählte von einer wundersamen Begebenheit. So ritt er schweifenden Blicks durch den Wald. Da sah er plötzlich einen Hirsch vorüberjagen. Ein Sechzehnender war's; in Panik stob er mit hängender Zunge davon, vor ihrer aller Augen setzte er über den Pfad. Munter hetzten und jagten Bracken und Jagdrüden mit Gekläff hinterdrein. Zuletzt kam ein Hündchen, das war weißer als Schnee, doch pechschwarz war sein linkes Ohr, und auch rechts auf der Seite hatte es einen tiefschwarzen Fleck. Klein war es, wahrhaftig, nur wenig größer als ein Hermelin: ein hübscheres Hündchen hatte noch niemand gesehen.

Es lief vor dem Fräulein über den Weg und blieb in der Mitte stehen, denn in seiner Pfote steckte ein Dorn. Um das Hündchen aufzuheben, neigte sich das Mädchen hinunter, sprang dann ab und packte es flugs. Schon saß sie wieder im Sattel, und weiter ging der Ritt. Mitnehmen werde sie es, um es ihrer Herrin zu schenken, erklärte sie.[19]

Doch schaut, da nahte voll Ungestüm ein Jäger auf einem Jagdroß; in der einen Hand sein Horn, in der anderen einen Spieß, so folgte er der Spur der Hunde. Stattlich und schön war sein Leib; er trug einen kurzen wollenen Rock und an den Beinen Gamaschen. Gar eilig hatte es der, denn er hatte gesehen, wie das Mädchen den kleinen Hund nahm und ihn unter seinem Mantel versteckte und verbarg. Kaum hatte er das bemerkt, kam er herangesprengt und rief: «Liebe Freundin, laßt meinen Hund, laßt ihn gehen! Fräulein, laßt ihn der Meute dort hinten folgen!» Doch die versetzte, das Hündchen werde er bestimmt nicht bekommen, denn es sei hübsch und sie wolle es haben; mitnehmen wolle sie es, um es ihrer Herrin zu schenken. «Fräulein», erwiderte der Jäger, «das ist ja ungeheuerlich! Gebt es mir zurück! Ihr habt kein Recht darauf.» Sie aber entgegnete: «Nein, Ihr habt darauf kein Recht. Ebendieses Hündchen werdet Ihr nie mehr haben, ganz gleich, was Ihr auch sagen mögt.»

Wutentbrannt rief der Jäger nun dem Ritter zu: «Heda, Herr, haltet an! Verbietet diesem Fräulein da, mein Hündchen mitzunehmen!» Und auf der Stelle bat sie der Unbekannte: «Gebt es doch zurück, holde Freundin!» – «Kein Wort mehr davon!» sagte das Mädchen bestimmt, «ebendieses Hündchen wird er nie mehr haben. Soll er doch seinem Hirsch nachjagen, sonst ist der fort! Denn den Hund gebe ich ihm nicht zurück.» – «Nun weiß ich Bescheid, Herr», erklärte hierauf der Jäger, «dafür seid Ihr verantwortlich. Bringt sie dazu, ihn mir zurückzugeben, und erlaubt, daß ich ihn mir von dort, wo er ist, wieder hole! Fürwahr, das ist alles, worum ich Euch bitte. Davontragen kann sie ihn ja nur unter Eurem Schutz. An Euch muß ich mich also halten; ohne Euren Beistand kann sie den Hund ja gewiß nicht behalten.» – «Um nichts in der Welt», versicherte hierauf der Ritter, «ließe ich das Mädchen je im Stich, arge Feigheit wäre das! Wäre sie jedoch bereit, Euch den Hund zurückzugeben, so wäre mir dies äußerst lieb. Mein großherziges Fräulein, gebt ihn doch zurück!» Die aber schalt ihn: «Was für törichtes Geschwätz muß ich da von Euch hören! Der da bekommt den Hund bestimmt nicht.» Darauf zog der Jäger ohne ein Wort des Abschieds von dannen, er stieß nur zwischen den Zähnen hervor: «Eines steht fest, ohne Kampf werdet Ihr ihn nicht mitnehmen.» Er war ein Ritter aus edlem Geschlecht, und mit seiner ritterlichen Tüchtigkeit wäre es nicht weit her gewesen, hätte er sich seinen Hund so einfach wegnehmen lassen.

In seiner eigenen Burg ganz in der Nähe des Jagdreviers wurde sein Harnisch aufbewahrt. Die hatte er sich erbauen lassen, um dort zu wohnen, wenn er im Wald auf Hatz oder Pirsch ging. Dahin sprengte er jetzt im Galopp, und seine Diener liefen ihm entgegen. «Los, Knappen!» rief er. «Bringt mir mein starkes Schlachtroß und meine Rüstung; wappnen will ich mich. Voran, nicht getrödelt!» Jene holten das Verlangte unverzüglich, hurtig brachten sie die Rüstung herbei. Der eine schnürte ihm die Kettenhose zu, legte ihm die Brünne an und befestigte den Helm; an die linke Seite gürtete er ihm sein gutes, scharfes Schwert. Der Jäger stieg aufs Pferd; streiten wollte er um den Hund. Er nahm den Schild und hängte ihn sich um den Hals. Die Lanze faßte er am Schaft. Schon verläßt er die Burg und galoppiert davon. Schmachvoll und schimpflich wäre es ihm erschienen, hätte er sich den Hund so einfach von jemandem wegnehmen lassen, ohne daß dieser teuer dafür hätte bezahlen müssen.

So galoppiert er durch den Wald auf einem Pfad, den er kennt; schließlich holt er sie ein. Sobald er den Ritter erblickt, ruft er mit lauter Stimme: «Vasall, Vasall, Ihr laßt meinen Hund fortschleppen, was für eine Torheit! Nun müßt Ihr bezahlen; umsonst bekommt Ihr ihn nicht! Ich fordere Euch heraus. Gebt acht!» Kaum hörte der Unbekannte diese Drohung, griff er sich den Schild und packte seine Lanze. Er gibt dem Pferd die Sporen, sogleich stürmt es davon. Des Schöpfers Schutz ruft er noch an, und schon geht es zum Angriff.

Beide hatten treffliche Waffen. Sie pakken die Schilde am Haltegurt, spornen die Pferde in Schwung und senken die Lanzen zum Stoß. Zerspalten werden die Schilde und die Brünnen zersprengt, das Eisen der Steigbügel knickt, die Lanzen fliegen in Splitter. Von Freundschaft ist zwischen ihnen nicht die Rede. Mit den Resten hauen sie noch heftig aufeinander ein, dann nehmen sie die Schwerter zur Hand, und sogleich drischt der eine auf den anderen ein. Das hättet Ihr erleben sollen: das Tönen der Helme, die Schinderei und Plackerei auf beiden Seiten, den Hagel von Hieben, das Schwitzen der Pferde. Zielsicher trifft jeder mit dem Schwert: erbarmungslos ist der Streit. Tapfer, wie sie sind, liefern sie sich einen wilden Kampf.

Schon sind die Helme völlig zerbeult und die Schilde zertrümmert. Beide sind am Ende ihrer Kraft: auch der Stärkste muß schließlich ermatten. Als sie nicht mehr aufeinander losstürmen können, ringen sie miteinander und lassen ihre Vienner Klingen[20] fahren. Keiner von beiden lockert seine eiserne Umklammerung. Doch plötzlich drängen die Pferde auseinander: die Sättel rutschen, die Brustgurte reißen, die Kämpfer können sich nicht oben halten, sie landen auf der Erde, und inbrünstig betet jeder für sich zu Gott. Der Jäger möchte wieder auf die Beine kommen, doch sein Gegner stößt ihn so heftig, daß er sofort erneut bäuchlings zu Boden geht. Hart kam ihn das an, denn er war sehr gewandt und stark. Aufstehen wollte er um jeden Preis, der andere aber ließ ihn nicht. Mochte ihm das auch noch so sehr zuwider sein, der Unbekannte warf ihn wahrhaftig wieder nieder.

Er packte seinen Mundschutz und riß ihm das Eisen von Kopf und Gesicht. Da plötzlich sah er sein Schwert; das lag mitten auf dem Kampfplatz; er erkannte es genau und stürzte sich darauf, den Jäger aber ließ er dabei nicht los, sondern hielt ihn weiter fest umklammert. Endlich hatte er das Schwert wieder in der Hand. Seinem Gegner hätte er damit den Kopf vom Rumpf getrennt, hätte der sich seinen Forderungen nicht gebeugt. Er mußte sich klar eingestehen, daß es für ihn kein Entrinnen gab. Voll Demut bat er also um Erbarmen und gelobte, den Wünschen des Siegers zu gehorchen, denn er hatte keine Wahl. Darauf erklärte jener: «Dein Leben ist verwirkt, es sei denn, du versprichst, daß du als Gefangener an den Hof von König Artus ziehst und ihm von mir bestellst, in seine Gewalt gäbe ich dich zum Dank für seine reiche Gabe, denn er hat mich ausgeschickt, um einer Dame beizustehen, die dringend Hilfe braucht.» – «Das will ich gerne tun», beteuerte der Ritter, «doch was soll ich sagen, wer mich gefangennahm?» – «Das, lieber, guter Freund, sollt Ihr wohl erfahren; sagt: der Schöne Unbekannte war's.» Sein Ehrenwort nahm er dem Jäger ab, dann stellte er noch eine weitere Frage: «Meinen Namen, Herr, kennt Ihr nun; darf ich jetzt auch den Euren wissen?» Da er sich fügen mußte, nannte ihn jener wahrheitsgemäß: «Der Stolze von der Heide heiße ich.[21] Mein Gelöbnis, mich in Gefangenschaft zu begeben, will ich in Monatsfrist erfüllen.» Sie nahmen Abschied voneinander und stiegen unverzüglich auf die Pferde. Ohne Hund ritt der Jäger fort. Zusammen mit dem hochbeglückten Robert, der Dame und dem Zwerg zog auch der Unbekannte jetzt von dannen; im Paßgang ging es den breiten Weg entlang.

Einen weiten Weg legten sie an diesem Tag zurück. Gegen Abend durchquerten sie einen Laubwald, und als sie herauskamen, sahen sie ganz in der Nähe eine schöne und starke Burg. Becleus hieß diese Feste. Rundherum umfing sie ein schiffbarer Fluß mit einer Unzahl von Fischen. Darauf gelangten Waren zur Burg und trugen ihr hohen Wegzoll ein. Da gab es viele Mühlen, Wasserläufe, Wiesen und weite Ackerfluren, und mehr als zwei Meilen weit wuchsen am anderen Ufer Reben. Von Gräben war die Burg umzogen, weit und tief waren die, lang und breit, und über ihnen erhoben sich ringsum hohe Mauern. Gleich zügelte der Unbekannte sein Pferd, rief das Fräulein und zeigte ihr die Feste. Halt machten sie, um sie anzuschauen; herrlich und mächtig erschien sie ihnen, besser als jede, welche Graf oder König besitzen.

Unterwegs trafen sie auf ein schönes Mädchen; in ein seidenes Gewand war es gekleidet: etwas so Reizendes wie sie hatte man noch nie gesehen. Der Saumbesatz ihres Mantels war aus Eiderdaunen, schräg gestreift mit Hermelin und geschmückt mit Zipfeln aus Grauwerk, und der Zobel daran war von höchster Güte, ja, der beste auf der Welt. Gar anmutig war dieses Fräulein. Wer sie sah, wurde bezaubert von ihrer großen Schönheit. Kein Mensch hatte je zuvor ein so liebliches Geschöpf erblickt. Die Stirn war hoch, strahlend das Antlitz und weiß wie eine Lilie. Ihre Brauen waren schwarz, geschwungen, dünn und lang. Wie Sommerrosen war die Farbe der Wangen. Wohlgeformt war der Mund mit den kleinen Zähnen, der schönste, von dem Ihr je gehört habt. Blond und glänzend war ihr Haar wie reines, funkelndes Gold; geziert von einem Silberreif, wallte es lose herab. Die Augen waren leuchtend, ebenmäßig war die Stirn, die Hände waren weiß, und wohlgestalt war der Leib, lieblicher als der jeder anderen Frau.

Doch das Fräulein war vor Schmerz von Sinnen. Sie rang die Hände, raufte ihr Haar voll Gram und Leid. Aus der Feste kam sie geritten. Der Unbekannte rief sie an, eilte ihr entgegen und grüßte sie freundlich. Weinend und voll Kummer erwiderte sie seinen Gruß. Da fragte er das Mädchen: «Liebe Freundin, warum weint Ihr denn? Mit Verlaub – ich möchte es wissen.»

Und schon klagte sie: «Zu Recht erfüllt mich Schmerz, und Freude wird es nimmer für mich geben, denn heute habe ich mein Liebstes auf der Welt verloren. Herr, darum weine ich, um meinen Geliebten, den ich verlor. Sein Tod läßt mich vor Leid vergehen. Vor Kummer zerreißt es mir das Herz. Ach, ich Unglückselige! Wie soll ich nur weiterleben?»

Mitleid ergriff den Ritter, als er das hörte, und so fragte er weiter, wie denn ihr Geliebter gestorben sei, ob im Kampf oder auf eine andere Weise. Tiefbetrübt erwiderte sie: «Herr, ein Ritter hat ihn getötet; gar hochmütig ist der und stolz und Herr dieser Burg hier. In der Stadt gibt es einen Vogel, einen prächtigen Sperber, der sich schon einmal gemausert hat.[22] [...] Den hat man auf ebenem Feld neben einem Kloster auf eine goldene Stange gesetzt. Wertvoll ist er wie ein Schatz. Ihn zugesprochen zu bekommen und von der Stange zu nehmen bedeutet für eine Frau, die Schönste zu sein. Wenn sie den Sperber gewinnen will, muß sie einen Ritter haben, der dafür einsteht, daß der erste Platz ihr allein gebührt vor allen anderen Damen und Fräulein; auf der Stelle wird dann der Herr der Burg dagegen Einspruch erheben und ihm im Namen seiner Geliebten den Sperber streitig machen mit der Behauptung, die Schönste sei sie. Ja, allen Ernstes erklärt er das. So beginnt der Kampf. Mein Geliebter, Herr, brachte mich hierher, auf daß ich mir den Sperber nähme. Schon wollte ich das tun, da erschien der Herr, um es mir zu wehren. Doch mein Geliebter ermutigte mich: ‹Liebste, nehmt ihn geschwind, nur Mut! Ich bin hier, um zu beweisen, daß Ihr seine Geliebte an Schönheit weit übertrefft.› Das gefiel jenem Burgherrn gar nicht, und er drohte, er werde ihn schon noch zwingen, diese Worte zurückzunehmen. So ist es dann zum Kampf gekommen, und in der Tat fand mein Geliebter, der nur auf meine Ehre aus war, dabei den Tod: das ist für mich ein gar bitteres Unglück. Die Bewohner dieser Feste haben auf die kostbare

Reliquie der Gebeine des heiligen Marcel hier in der Stadt den Schwur getan, einem Kampfgegner ihres Herrn nichts Böses anzutun. Wenn er den Burgherrn töte, brauche er nicht auf der Hut zu sein; er müsse sich nicht ängstigen noch Furcht und Zweifel hegen, denn keiner werde ihm ein Leides tun, ganz unbehelligt könne er von dannen ziehen.»

Darauf antwortete ihr der Ritter mit folgenden Worten: «Ich glaube, dankbar wäret Ihr dem, der Euch den Sperber doch gewönne und für Euren Geliebten Rache übte.» – «Wahrhaftig, Herr, das wäre ich», entgegnete das Mädchen, «viel gäbe ich dafür, wenn sein Tod so vergolten würde, wie ich es wünsche. In jedem Land der Erde dürfte mich der Rächer meines Liebsten zum Pfand aussetzen.» So beteuerte die Schöne. «Schließt Euch mir an, ich bitte Euch», lud der Unbekannte sie nun ein, «ich will Euren Geliebten rächen und den Sperber für Euch gewinnen.» – «Dabei möge Gott, der Schöpfer, Euch Erfolg gewähren!» wünschte ihm das Fräulein. «Gelingt Euch das tatsächlich, erntet Ihr gewißlich großen Ruhm, denn das wäre eine Heldentat. Ich will mit Euch reiten. Gott in seiner Huld behüte Euch vor allem Übel!»

Das Fräulein, Margerie mit Namen, war zu Pferd, und also ging es hin zur Burg, durch Palisaden, über die Brücke hinüber zum Hof; geradewegs zum Sperber führte sie Margerie. Ritter, Bürger und Soldaten, eine ganze Menschenmenge lief hinterdrein. Aus den Werkstuben kamen Frauen und Mädchen herbei; die wollten erfahren, wer denn der Ritter da sei, der den Sperber holen komme. «Das wissen wir nicht», war die immer wiederkehrende Antwort, «nur eines steht fest: Die Beulen an seinem Helm beweisen, er hat ihn aufgehabt, und mancher Ritter hat darauf eingeschlagen. Arg beschädigt und von Hieben rings zerhauen ist der Schild, und zerrissen ist die Brünne.[23] Das ist ein wakkerer Kämpfer, wahrhaftig!» So urteilte ein jeder mit vollem Recht. «Gott, was für liebreizende Fräulein der bei sich hat! Wer mögen die nur sein?» – «Ich glaube», bemerkte da einer der Bürger, «das erste Mädchen war in Begleitung des Ritters, der um des Sperbers willen den Tod fand.

Heute morgen nach der Messe hat ihn der Herr doch in einem harten Kampf getötet.» – «Genau, so ist es», bestätigte ein jeder.

Alle liefen sie hinterdrein, der Ritter aber begab sich geradewegs zum Sperber, der sich neben einem Garten auf dem Platz befand. Ein gar hübscher und gefälliger Ort war das, und in seiner Mitte erhob sich ein gepfropfter Baum; in ewiger Blüte stand der; daran war eine goldene Stange, und auf dieser saß der Sperber. In einem vollendeten Rund dehnte sich der Platz, wie von einem Zirkel einen Bogenschuß weit rings gezogen, scheint mir, und mitten in diesem Kreis war der Sperber.

Kaum sah ihn der Ritter, rief er Margerie auch schon laut zu: «Nur voran, holde Freundin! Nehmt den Sperber von der Stange! Euren Anspruch auf ihn will ich verfechten, da Ihr es wahrlich verdient, ihn zu haben, denn Ihr seid schön und klug, edel und vornehm; wohlgestalt ist Euer Leib und herrlich die Farbe Eurer Wangen.» Und so ritt denn das Fräulein über den Platz hin zu dem Sperber und band ihn los.

Da aber naht voll Ungestüm der Herr, gewappnet, auf einem eisengrauen Roß. Auf silbernem Feld zeigte sein Schild rote Rosen; in roter Wappenfarbe leuchteten die. Bestens gerüstet nahte er auf einem stattlichen Gascognerpferd von hohem Wert. Den Schild am Haltegurt gepackt, kam er heran, schön und schmuck in seinem Waffenkleid. Ein Kranz aus Rosen zierte seinen prächtigen Helm. Sein Pferd trug eine Seidendecke mit roten Rosen, die eine wahre Augenweide war. Ihm zur Seite ritt auf einem guten Zelter seine Liebste, Blühende Rose war ihr Name. Die aber war ausgesprochen häßlich und runzlig. Daher mißfiel es jedem, daß er sie mit Gewalt im Kampf zur Schönsten kürte, und alle Männer, alle Frauen konnten sich nur darüber wundern, wie die Liebe ihm die Sinne getrübt hat. Auch die Weisesten macht sie zu Narren; sie blickt gleichsam durch ein Glas, das Kupfer zu Gold werden läßt und Triefträneu zu Perlen macht, denn sie versteht sich auf Blendwerk und auf Zauberei.

[...] Hitzig galoppierte der Ritter auf das Mädchen zu und rief mit lauter Stim-

OR dist li contes que quant
boors se fu partis de mon sig
nour yvain a qui il se fu com
batus pour le bruchet q̃l che

sind sie wieder auf den Beinen, ziehen ihre Vienner Klingen, und unverzüglich schlagen sie zu. Auf die Helme prallt der Hieb der Eisen, daß die Funken sprühen. Das Schwert in beiden Fäusten, hauen sie wuchtig aufeinander ein. Geschickt greifen sie beide an, so scheint es; oft treffen sie sich gegenseitig auf die Helme, oder sie packen sich mit den Fäusten und suchen sich die Helmriemen abzureißen. Einen gar wilden und grimmigen Kampf liefern sie sich. Doch endlich führt der Unbekannte, das Heft fest in der Hand, gekonnt und kraftvoll einen wohlgezielten Hieb. Einen so starken Schlag versetzt er dem Ritter, daß der niederstürzt. Benommen fällt er auf den Platz; auf einen Stein schlägt sein Gesicht, und seine Sinne schwinden.

Sogleich ist der Unbekannte da über ihm und reißt und zerrt ihm ohne Schonung den Helm vom Kopf. Aufstehen kann der nimmermehr. Mag ihm das auch noch so sehr zuwider sein, aufgeben muß er und bekennen: «Ihr habt mich bezwungen; ich kann es nicht leugnen.» Da versetzt der Sieger, noch immer über ihm:

«Das, Herr, ist nicht genug; so kommt Ihr mir hier nicht davon: Wissen will ich, wer Ihr seid und wie Ihr heißt, und Ihr müßt feierlich versprechen, Euch unverzüglich zum Hof von König Artus zu begeben.» Das gelobt der Ritter, dann sagt er, wer er ist: «Girflet, Herr, ruft man mich; als Girflet, Sohn des Do, bin ich in diesem Land bekannt. Euch bin ich von nun an ganz ergeben, weiß ich doch jetzt um Euren Heldenmut und Eure Tüchtigkeit.» Darauf erheben sich die beiden und umarmen und umhalsen sich.

Girflet, Dos Sohn, führte den Unbekannten in seinen großen Rittersaal und bat ihn freundlich, diese Nacht in seinem Hause einzukehren. Gute Herberge gewährte er den Gästen. Gar angenehm verbrachten sie die Nacht bei ihm, denn man wartete ihnen trefflich auf.

In der Dämmerung des beginnenden Tages stand der Schöne Unbekannte auf. Geschwind und flink legte er die Rüstung an, und sie zogen weiter. Girflet, Dos Sohn, und das Mädchen Margerie gaben ihnen das Geleit. Da rief der Ritter sie und fragte, was sie denn nun zu tun gedenke.

Nach Schottland wolle sie, war ihre Antwort, in die Heimat ihres Vaters; König Agolans sei ihr Bruder. Auf der Hand trug sie den Sperber, den sie errungen hatte: sehr teuer war ihr der. Als der Unbekannte vernahm, aus welch vornehmem Geschlecht sie stammte und daß sie eine Königstochter war, rief er auch schon Girflet zu sich und forderte ihn auf, dem Fräulein als Begleitung in ihr Land einen Ritter mitzugeben. Das gewährte ihm Girflet mit Freuden. Das tue er gern, so beteuerte er. Dann erflehte er noch Gottes Schutz für ihn.

Daß Margerie in Schottland erzogen worden ist, hört auch Helie, und gleich erkennt sie sie nun ganz genau: sie hat sie ja oft gesehen und ist nahe mit ihr verwandt.[24] Da ist sie gar froh und glücklich, daß jene den Sperber davonträgt. «Kusine», sagt sie, «schon längst hätte ich mit Euch reden müssen, denn bereits trennen sich jetzt unsere Wege wieder. Euch wiederzusehen ist mein innigster Wunsch. Vielleicht wird er sich erfüllen, vielleicht aber auch nicht. Im Herzen freilich werde ich Euch immer lieben. Mein Hündchen hier, das sollt Ihr haben; nehmt es zusammen mit dem Sperber heim! Beide sind im Kampf gewonnen. Das Hündchen ist das schönste in ganz Cornwall: einem bösen Ritter auf der Jagd wurde es in mächtigem Kampf abgerungen.» Darauf dann erzählt sie ihr die ganze Begebenheit, wie sie das Hündchen erlangt hat, und gibt es ihr schließlich.

Nun nahmen sie voneinander Abschied, und dabei vergossen sie Tränen der Rührung. Der Schöne Unbekannte zog von dannen; der Zwerg gesellte sich zu Helie und trieb ihren Zelter an.

Die Wunder der Goldenen Insel

Etwas anderes verlockt mich nun: Die Geschichte des Schönen Unbekannten will ich erzählen, wie ich sie kenne.

Den ganzen Tag war er seines Wegs gezogen, und schon war es Abend. Er ließ seinen Blick schweifen, und plötzlich sah er die stattlichste Burg vor sich, die je ein Mensch erblickt hat. Sehr reich und prächtig war die und erbaut in bester Lage. Ein Meeresarm umfing sie im Rund, und auf der offenen Seite brandete die See an ihren Fuß. Wahrhaft herrlich war die Feste, rings umzogen von mächtigen und festen Mauern. Diese Mauern dort um jene Stadt, die aus weißem Marmor waren, übertrafen alles andere auf der Welt, selbst Schnee und weiße Blüten; einen Pfeilschuß hoch ragten sie rund um die Burg empor. Ein Kriegsgerät, das die Zinnen hätte treffen können, konnte niemand fertigen: kein Bogen, keine Schleuder reicht so weit. So hoch erhoben sich die Mauern, daß sie keinerlei Angriff zu fürchten brauchten. Hundert rote Türme gab es in der Stadt, die waren über alle Maßen prächtig und aus rotem Marmor, der in der Sonne schimmerte. Darin wohnten als Lehensleute der Feste hundert Grafen. Ein herrlicher Palas war dort, dessen Erbauer sich auf Zauberei verstand, denn niemand kann sagen, woraus er bestand; auf alle Fälle aber war er wunderschön. Gleich Kristall war der Stein, aus dem er ganz gefügt war, wie von einem Zirkel rings gezogen. Über ihm wölbte sich eine Silberkuppel mit einem Mosaik darauf, und ganz oben erstrahlte heller als die Sonne ein Karfunkel und verbreitete des Nachts so große Helligkeit, als ob es Sommer gewesen wäre. Zwanzig der feinsten Türme, die Ihr jemals sehen werdet, allesamt indigoblau, stützten den Palas; ja, herrlichere hat auch zuvor noch nie ein Mensch erblickt. Wohlhabende und reiche Händler landen hier und bringen ihre Waren übers Meer herbei, was der Stadt sehr hohen Wegzoll einträgt. Reich und mächtig machen sie die Güter, die in Fülle dorthin strömen. Diese Feste, von der Ihr hört, nannte man die Goldene Insel[25].

Ein Mädchen wohnte in dem Palas; kein Mensch hatte je zuvor ein so liebliches Geschöpf erblickt. Die verstand sich auf die sieben Künste und auf Zauberei und war der Sterndeutung kundig[26]; auch um Gut und Böse wußte sie. Ja, mit all dem war sie vertraut, ganz außergewöhnlich war ihr Verstand. Über jene Feste war sie die Herrin, eine gar liebliche und anmutige Gestalt. Sie war die einzige Erbin ihres Vaters und noch unvermählt. Diese makellose Schönheit, das ist die Jungfrau mit den Weißen Händen, da bin ich mir ganz sicher.

Sogleich zügelte der Ritter sein Pferd, rief seine Begleiterin Helie und zeigte ihr die Feste, wie der Palas hell erstrahlte und sich zwischen ihnen und der Burg auf mächtig breitem Raum ein Zelt erhob; das war seinen Blicken nicht entgangen. Von diesem Zelt führte eine Straße hin zu der Brücke, welche die Wasser draußen um die Stadt überspannte; am Ende der Straße stand das Zelt. Vorn ragte eine wohlgebaute Reihe von Pfählen, die oben und unten zugespitzt waren. Auf jeden dieser Pfähle war ein Haupt gepflanzt, das noch gewappnet war: mit festgebundenem Helm steckte es darauf. Von Rittern stammten all die aufgespießten Köpfe[27].

In dem Zelt aber befand sich ein Ritter, und der war schon dabei, sich zu rüsten und seine Kettenhose zuzuschnüren, denn sommers wie winters harrte er dort der Dinge, die da kommen sollten; schrecklich waren die und verhängnisvoll. Als er den anderen nahen sah, griff er sich seine Brünne, legte sie an, zurrte sodann gleich den Helm fest und stellte sich mitten auf den

Platz, ein gutes Schwert an der Seite. Des Burgfräuleins Freier war das. Trefflich und stark gerüstet von Kopf bis Fuß waren Ritter und Roß.

Und da naht auch schon der Recke, den man den Schönen Unbekannten nennt, mit dem Fräulein neben sich. Auf das Zelt ritt er zu, denn er wollte weiter. Doch der drinnen wagte es voll Stolz, ihn barsch daran zu hindern; mit lauter Stimme rief er: «Wenn Ihr hier vorbei wollt, müßt Ihr mit mir kämpfen, bis Ihr nicht mehr könnt, oder Ihr müßt da draußen bleiben.»

«Das ist der Brauch, es stimmt, Herr», versicherte Helie, «er spricht die Wahrheit. Wer hier bezwungen wird, der ist unweigerlich des Todes. Auf der Stelle verliert er seinen Kopf, und den befreit man nicht einmal von seiner Rüstung: mitsamt dem Helm wird das Haupt vom Rumpf getrennt und dann auf einen dieser Pfähle da gespießt, zusammen mit den anderen dort auf der Palisade bei der Brücke.»

Einhundertunddreiundvierzig[28] Köpfe steckten da schon, samt und sonders Häupter von Grafensöhnen und von Königen; die hatte des Fräuleins Freier bezwungen.

Er war ihr Verehrer seit fünf langen Jahren, doch sein Begehren hatte sich bis jetzt noch nicht erfüllt. Nur zwei Jahre noch gilt es für ihn zu überstehen, dann muß sie schließlich die Seine werden. So hat es das Mädchen gelobt: Volle sieben Jahre lang müsse er die Straße verteidigen, danach gehöre sie ihm, nur unter dieser Bedingung, sonst nicht. Der Brauch war nämlich so: Wenn einer der Bewerber starb, wenn er im Kampf fiel, nahm sie wahrlich und wahrhaftig den, der ihn getötet hatte, und machte ihn zu ihrem Freier; der mußte sich dann wieder sieben Jahre halten und so den Brauch bewahren. Zum Gemahl will sie nur den, der so lange dort bestehen kann: der soll ihr Herr sein und der Herr der Burg. Nur auf diese Weise kann er sie erringen. In der Tat weiß sie genau, daß, wer das vollbringt, ihrer würdig ist: daher die harte Probe.

Der jetzige Bewerber freilich, der bekomme sie um keinen Preis, so sagt sie, eher sterbe sie; nein, sie könne ihn nicht leiden und wolle ihn nicht, denn er war zu jedermann gemein. Schon in zwei Jahren war die Bewährungsfrist für ihn zu Ende, aber er war die Boshaftigkeit selbst, ein schlechter, feiger, schlimmer Kerl, voll Grausamkeit und voll Verrat. Darum haßte ihn die Dame, und in ihrem Haß sann sie Arges wider ihn: Selbst wenn er die Probezeit bestand, würde sie doch nie die Seine werden, denn alles andere auf der Welt hätte sie lieber gewollt, als dem zu Willen zu sein.

Verhaßt war er bei allen, und jeder in der Stadt wäre über einen Sieg des fremden Ritters nur hocherfreut gewesen. Große Leute und geringe wünschten sich, daß es so komme, denn niemand liebte ihn; allein aus Furcht dienten sie dem Ritter, aus keinem anderen Grund, weil ja jede Liebe fehlte.

Man brachte ihm sein Pferd: das trug eine unvergleichlich schöne rote Seidendecke mit zwei weißen Händen in der Mitte. Aus blütenweißem Samit[29] waren sie geschnitten und gar kunstvoll aufgenäht. Auf rotem Feld zeigte auch sein Schild in der Mitte weiße Hände, und Handschuhe zierten die Spitze seines Helms. Ein waffengewaltiger, wackerer Kämpfer war das. Kaum bei seinem Pferd, hat er den Fuß schon im Steigbügel und schwingt sich gleich in den Sattel. Ein Knappe reicht ihm den Schild, und eilends hängt er ihn sich um. Ein zweiter gibt ihm die Lanze. Meisterhaft versteht es der Recke, seine Waffen zu gebrauchen: noch nie war ihm jemand in dieser Kunst ebenbürtig und gewachsen gewesen. Im Galopp geht es über die Wiesen und dann im Schwenk zurück zu dem Zelt, wo der Unbekannte seiner harrt; übel zurichten will er den.

Als jener ihn so vor sich sieht, bereit zum Angriff, da weiß er wohl, jetzt heißt es kämpfen. Einen Ausweg gibt es wahrlich nicht; er hat keine Wahl, ebendort muß er vorbei. So nimmt er seinen Schild und hängt ihn sich um. Eilends packt er die Lanze und lenkt sein Pferd in Richtung auf die Straße. Der andere aber sperrt den Weg.

Da spricht ihn der Schöne Unbekannte an: «Bitte, Herr, laßt uns durch! Das will ich Euch raten. Ein Aufenthalt hier paßt uns nicht. Behindert meine Reise nicht: König Artus schickt mich aus!» – «Was für ein törichtes Geschwätz ist das!» fährt ihn jener an, [...] «hier kommt Ihr nicht durch. Dieses Recht übe ich im Namen meiner Freundin.» – «Ein solches Recht, alle Leute einfach umzubringen, das wollte ich um keinen Preis der Welt, Herr», erwidert ihm der Unbekannte. «Doch ich kann nichts daran ändern; Ihr wollt mich nun einmal nicht meines Wegs ziehen lassen, und so muß ich Eurem Wunsch entsprechen: ich werde mich wehren, so gut ich nur kann.» Darauf fordern sie einander heraus und gehen gut sechzig Meter in Distanz.

Keine Menschenseele hielt es da in der Burg: Alte und Junge, Damen und Ritter, Geistlichkeit und Knappen eilten zu dem Kampf; alle wünschten ehrlich, daß ihr Herr dabei besiegt und getötet werde – so sehr war er verhaßt, so heiß ersehnt sein Tod. Nur die Herrin ging nicht mit; sie stieg ganz oben auf den Turm in Begleitung ihrer Zofen. Von den Fenstern aus wollte sie verfolgen, wie jener hassenswerte Kerl sich schlug.

Auf Treffer sind nun die beiden starken Recken aus. Mächtig spornen sie die Pferde. So schnell die Rosse können, preschen sie los, bereit zum Angriff. Wie der Blitz die Luft durchzuckt, so brechen sie sich Bahn, ja, schneller als der Wind stürmen sie vorwärts. Dabei senken sie die Lanzen, und wuchtig trifft der Stoß die Schilde. Da birst das Holz, die Schäfte splittern. Zielsicher landen beide ihre Stöße; durch die Schilde fährt das Eisen bis zu den Brünnen. Hart und fest sind ihre Lanzen, und die Angriffe sind gnadenlos. Es stürzen Reiter und Rosse, denn im Fallen reißen sie diese mit zu Boden. Aus dem Sattel wirft es die tapferen Streiter. Hingestreckt liegen sie ohne Besinnung, daneben die Pferde: auch die sind betäubt und können sich nicht mehr erheben. Ganz begeistert waren alle, welche das sahen, und so erging man sich in Lobeshymnen. Trefflich war dieses Lanzenstechen, das beste, das es je gegeben hatte.

Doch schon erlangen die Kämpfer das Bewußtsein wieder; ein Blick auf den Gegner genügt, und gleich ziehen sie die Schwerter aus der Scheide und hauen damit heftig aufeinander ein. Die Schilde werden zertrümmert und zerhackt, die Helme verbeult und zerschlagen, aufgeschlitzt und zerschnitten die Ringe der Brünnen. Wieder und wieder greifen sie an. Solche Hiebe sausen auf die Helme nieder, daß die Funken stieben. Oft gehen beide in die Knie.

Die Leute aus der Feste aber gelobten Gott im Himmel, reiche Almosen zu spenden, wenn nur ihr Herr in dem Zweikampf ums Leben komme. Der freilich glaubte doch tatsächlich, daß sie ernsthaft den Schutz des Herrn für ihn erflehten; dabei beteten sie einzig und allein für seinen Untergang. Erzwungne Liebe ist Gleisnerei, und selten ist Bestand dabei. Darum soll man lieben in der Zeit, eh' das Glücksrad dreht ins Leid.

Das Heft fest in der Hand, versetzte der Unbekannte dem anderen einen Schlag voller Kraft; ja, er war ein meisterlicher Fechter. Er traf ihn am Hals und schnitt mit einem kurzen Querschlag die Helmriemen durch. Da fiel der Helm zu Boden, und der Kopf war nunmehr ungeschützt. Und schon saust die Klinge wieder nieder, hinein ins Hirn. Da wankt der Gegner, denn durch die Panzerkappe dringt das Eisen in den Schädel. Bis zu den Zähnen treibt ihm der Unbekannte das Schwert durchs Hirn.

Da jubelte das Volk und war sehr froh. Ein solcher Freudentaumel hat auf keinem Kampfplatz je geherrscht, seit Jesus Adam schuf: überall war nur noch Frohlocken. Der Ritter, der getötet worden war, hieß Malgiers der Graue. Sein Leichnam wurde fortgeschafft, und man ging, dem Sieger seine Aufwartung zu machen. «Herr», sagten die Leute, «gar viel hast du gewonnen, ein Land, seinen Boden und die Menschen darin. Ohne Trug sind wir ganz die Deinen. Kein Königreich ist soviel wert wie das, was du soeben errungen hast. Gott ist dir hold gewesen. Du hast den besten Kämpfer, der je auf einem Streitroß saß, bezwungen; sehr glücklich hast du uns damit gemacht. Laßt uns nun aufbrechen, Herr! Komm mit, du sollst das Reich erhalten und die beste Dame kennenlernen, die es je gegeben hat! Lieben wirst du die und sogar zur Frau erhalten, wenn es Gott gefällt.» Sie brachten ihm ein Pferd, und schaut, schon sitzt er im Sattel! Im Geleit ging es dann zur Burg, wo er würdevoll und feierlich mit Kreuzen und mit einer

Or dist li contes q̄ dedens
le cinquisime iour que li
rois bans & li rois boors &
merlins se furent parti

Prozession unter dem Jubel der Edlen empfangen wurde. In dem mächtigen „Palas angelangt, half man ihm unverzüglich aus der Rüstung.

Die unvollendete Liebesnacht

Jetzt trat die Herrin ein: etwas so Reizendes wie sie hatte man noch nie gesehen. Ohnegleichen war sie, voll der wunderbarsten Anmut. Als sie den Saal betrat, da strahlte ihre Schönheit hell wie der Mond, der hinter einer Wolke hervortritt. Ihr Anblick setzte den Unbekannten in Verzükkung, und es fehlte nicht viel, so wäre er umgesunken. Mit Meisterhand hatte Mutter Natur sie geformt und ihr größten Liebreiz geschenkt. Vollkommener als das ihre war kein Frauenantlitz auf der Welt, und ebenmäßiger war keine Stirn. Weißer als eine Blüte war die Haut, überhaucht von strahlendem Rot in makelloser Tönung. Die Augen waren leuchtend und lächelnd der Mund, wohlgestalt und herrlich der Leib. Die Lippen waren rot, die Zähne klein und weiß. Wie geschaffen war der Mund zum Küssen, die Arme wie geschaffen, einen liebend zu umfangen. Weiß wie Lilien waren Hände und Busen. Ja, wohlgestalt war der Leib und blond das Haar. Sie war die schönste Frau der Welt. In die beste Seide war sie gekleidet, die es unterm Himmelszelt je gab. Der Saumbesatz des Mantels war ein Kunstwerk aus Hermelin im Muster eines Schachbretts mit Feldern, die ganz regelmäßig waren, und die Bordüre war eine Kostbarkeit. Geziert von einem goldenen Reif, fiel ihr Haar offen über den Rücken herab, mit einem hübschen, feinen und zarten Rosenkranz darauf. Eine Agraffe schloß vorn am Hals den Mantel. Eine Schönheit trat da in den Saal. Kein Mensch hatte je zuvor ein so liebliches Geschöpf erblickt.[30]

Lächelnd trat die Dame in den Saal, ging sofort zum Unbekannten hin, schlang die Arme um seinen Hals und sagte: «Mein Freund, Ihr habt mich erobert. Ich will die Eure sein und nie mehr von Euch scheiden. Als besondere Gunst will ich Euch gleich jetzt erlassen, was zuvor schon manches Unheil gezeitigt hat. Ohne Säumen, unverzüglich möchte ich Euch diese Gunst gewähren. Der Brauch, die Straße unten zu bewachen, wird aufgehoben; für Euch, Herr, gilt er nicht, Ihr müßt dort niemals Wache halten. Mein Land und mein Herz will ich Euch schenken, Ihr sollt Herr über beide sein. Zum Gatten, Herr, will ich nur Euch, denn Ihr seid wahrlich der Beste.» Da dankte er ihr herzlich.

Die Dame nahm ihn bei der Hand, und auf einer braunen Brokatdecke aus Thessalien nahmen die beiden Platz. Viele angesehene Ritter waren überall im Saal. Voll banger Sorge sinnt die Herrin auf Listen und auf Schliche, wie sie den Ritter bei sich festhalten kann; so zugetan ist ihm ihr Herz, so verfallen. Niemand im Saal spricht ein Wort außer den zweien: in reinem Ergötzen, in schierem Entzücken tauschen sie schmeichelnde Worte. Zu ihrem Gemahl werde sie den Ritter nehmen, so verspricht es die Dame. Noch vor Einbruch der Nacht werde sie alle Edlen in ihrem Land davon in Kenntnis setzen: Binnen acht Tagen müsse ein jeder von ihnen erscheinen, wenn er sich ihre Huld bewahren wolle; sie habe die Absicht, sich zu vermählen, daher sei Eile geboten. Allen im Land läßt sie das künden.

Gegen Abend bringt man Wasser herbei, wäscht sich die Hände und setzt sich zu Tisch; kein Sitz bleibt frei. Auch die Dame nimmt Platz; gar klug und feingesittet ist sie. Der Unbekannte und Helie sitzen an ihrer Seite. Große Ehre wird dem jungen Ritter dort zuteil. Sehr aufmerksam und liebevoll bedient ihn die Herrin, denn sie wünscht ihn zufriedenzustellen. Große Freude herrscht in der Stadt bei alt und jung.

Als sie ihren Hunger gestillt hatten, gefiel es Helie, sich von der Tafel zu erheben und den Unbekannten zu sich zu rufen. So stand sie auf und nahm ihn beiseite. «Lieber, bester Herr», sprach sie, «eines sollt Ihr wissen: Die Dame hat die Edlen ihres Landes allesamt hierher befohlen, sie will sich mit Euch vermählen. Wenn Ihr Euch dagegen wehrt und sie zurückweist, wird man Euch gefangennehmen, das weiß ich ganz genau. Also, Herr, verhaltet Euch nicht gemein, aber vergeßt auf keinen Fall meine Herrin!» – «Das, meine Gute, wird bestimmt nicht geschehen, koste es auch mein Leben», versicherte darauf der Ritter. «Überlegt doch, Fräulein, was können wir tun?» – «Heimlich davonstehlen werden wir uns», riet da das Mädchen, «gleich morgen früh machen wir uns auf und davon. Ich werde das schon richten. Ich schlafe in meinem Quartier; das ist drinnen in der Stadt. Hier heißt es listig vorgehen. Ich werde Robert das alles erzählen; der wird schon für einen glücklichen Ausgang sorgen. Er soll in der Frühe Euer Roß aufzäumen. Noch bevor der Morgen graut, sollen die Pferde bei dem Tor da vorn nahe der schönen Kapelle für uns bereitstehen. Ihr aber erhebt Euch beizeiten! Ich sorge dafür, daß Eure Rüstung da ist; so kann es dann losgehen. Dem Torwächter sagt, Ihr wollet zur Kirche. Das ist eine durchaus glaubhafte Erklärung, gegen die nichts einzuwenden ist.» Der Ritter billigte den Plan, und so endete die Unterredung.

Er kehrte wieder an die Seite der Dame zurück, Helie aber verabschiedete sich und sagte, sie wolle sich nun zur Nacht in das Quartier begeben. [Da drängte sie die Herrin], doch bei ihr zu schlafen. Aber alles Bitten war umsonst, umstimmen ließ sich jene nicht. So ging sie fort, und Robert nahm die Rüstung mit.

Nun wurde dem Unbekannten mit weichen Steppdecken ein Lager bereitet; das war prächtiger als alles, was je ein Mensch erblickt hat. Doch wozu viele Worte machen? Dieses Bett da mitten in der Halle war das feinste, das Ihr jemals sehen werdet. Nur die Seide und das Gold daran waren mehr als hundert Mark[31] Silber wert, und das Seidenlaken auf dem Bett ließ den, der darunterlag, immerwährende Wonne spüren.

Dann empfahl sich auch die Dame und sprach zu ihm: «Mein lieber Freund, schon jetzt sehne ich den Augenblick herbei, da Ihr mein sein werdet.» Wie Balsam waren die Worte für ihn; doch sie tat noch mehr: mit ihren Armen umfing sie ihn gar zärtlich. Dann wünschte sie ihm eine gute Nacht und entschwand in ihre Kammer. Die schönste Frau der Welt war das. Alle, groß und klein, folgten ihrem Beispiel, es blieb weder Koch noch Diener. Den Schönen Unbekannten hatten sie zu Bett gebracht und Lichter angezündet; die stellten sie vor ihm auf, damit er etwas sehe, und darauf gingen alle Diener schlafen.

Der Ritter träumte vor sich hin, den

Blick zur Kammertür gerichtet. Da sieht er die Dame nahen, und schon wähnt er sein Begehren ganz erfüllt. Mit gelöstem Haar, ohne Gebende erschien sie, gehüllt in einen grünen Seidenmantel mit kostbarem Hermelinbesatz: eine wunderschöne Maid war das. Aus reinem Gold waren die Bänder und die Tasseln ihres Mantels. Den hatte sie über den Kopf gezogen; so umrahmte sein Pelzbesatz ihr Antlitz, und die Schwärze des Zobels hob sich reizvoll ab von der Weiße der Haut. Sie trug darunter nur ein Hemd; viel weißer war das als der Schnee, der auf die Zweige fällt. Ja, es war weiß, doch noch weißer war der Leib, den es verbarg. Ein kleines Stück vom Bein konnte der Ritter sehen; das schaute hervor und war so weiß, daß ihr Hemd dagegen bräunlich wirkte.

In die Tür gelehnt, blickte die Dame zum Bett hin, voll Zweifel, ob er schlafe. Keine Menschenseele war im Saal. «Schläft er?», so fragte sie sich selbst. «Pflegt er schon der Ruhe?» – «Nein», war seine Antwort, denn als er ihre Stimme hörte, hatte er gleich den Kopf gehoben, um zu versichern: «Herrin, ich schlafe nicht.»

Jetzt kam sie geschwind zu ihm, makellos in ihrer Schönheit, und streckte voll Verlangen nach dem Ritter dort im Bett den Arm aus ihrem Mantel. Lustvolle Blicke tauschten beide. Die Haut ihres Halses und ihres Busens war Weißdornblüten gleich. Sie preßte ihn an sich und flüsterte zärtlich: «So wahr mir Gott helfe, mein lieber Freund, heiß und inniglich begehre ich, mit Euch beisammen zu sein.» An seine Brust drückt sie ihre Brüste, Haut gegen Haut, denn nur ihr Hemd war noch zwischen ihnen. Sie tut alles, ihn zu beglücken. Und auch er umarmt sie gar zärtlich, die Wange an ihre Wange geschmiegt. «Euretwegen, mein teurer Freund», gesteht sie ihm da, «hat mich der Liebe Not gepackt. Ich liebe Euch über alles Maß hinaus, das sollt Ihr wahrlich wissen. Mit aller Macht drängte es mich hin zu Euch: ich mußte Euch sehen.»

Innig blickt er sie an, einen süßen Kuß möchte er ihr rauben; doch da entzieht sich die Dame und tadelt ihn: «So nicht! Das wäre ja arge Wollust! Niemals, merkt Euch das, ließe ich mich darauf ein. Erst wenn ich Eure Gattin bin, werde ich Euch ganz gehören.» Und schon verließ sie ihn mit einem kurzen «Gott befohlen!». Ihre Fräulein geleiteten sie zurück in ihr Gemach, und die Tür wurde verschlossen.

Der Unbekannte blieb bestürzt und allein zurück und wähnte sich das Opfer eines argen Spiels. Kaum war die Dame fort, verfluchte er sein übles Los, denn zu schlimm war das Gefühl eines Mangels. Die Liebe quält und peinigt ihn; aber müde, wie er ist, schläft er endlich ein. Doch auch im Schlaf erscheint ihm jene, die sein Herz bis zum Zerspringen höher schlagen läßt. In seinen Armen hat er die Schöne, und die ganze Nacht lang, bis der Morgen graut, träumt ihm, er sehe sie und halte sie umfangen.

Geschwind und flink sprang er schließlich auf und eilte hin zum Tor. Der Wächter öffnete sofort, und weiter ging es zur Kapelle. Dort traf er sein Fräulein, seinen Knappen und den Zwerg; der hielt sein Pferd am Zügel. Gleich verlangte er nach seiner Rüstung, um sie anzulegen. Robert zurrte ihm den Helm fest; in aller Eile, doch mit Geschick wappnete er den Unbekannten.

Und schon waren sie wieder unterwegs; gar fröhlich ritten die vier davon. Im Galopp stoben sie von dannen. Die Welt lag in Sonnenglanz gebreitet da. Frohen Mutes zog Helie singend ihres Wegs; der Zwerg trieb ihren Zelter an. Durch Wald und Flur ging der Ritt in Richtung Öde Stadt immer weiter bis zum Abend.

Lanpart von Galigans

Endlich erblickten sie eine stattliche Burg und davor eine Brücke, die sich über ein Wasser spannte. Rundum standen sehr alte, wohlgefügte Türme, und der Hauptturm erhob sich in einem Ring von hohen Mauern. In der Stadt gab es viele Häuser, und ganz in der Nähe war ein Wald. Steinreiche Bürger lebten hier in großer Zahl. Herrlich war die Gegend mit ihren Weinbergen, Wäldern und Feldern, und manch wohlhabender Bauer war dort zu Hause. Güter jeder Art waren in der Stadt im Überfluß vorhanden, wohlversorgt war sie. Galigans hieß diese starke, schöne Feste.

«Was sollen wir tun, Fräulein?» fragte

der Ritter. «Wollen wir die Nacht in der Burg da vorn verbringen?» – «Auf keinen Fall, Herr, nein!» gab sie schnell zur Antwort. «Schlagt Euch das gleich aus dem Kopf, denn schon oft habe ich gehört, daß ein Besuch dort einem schlecht bekomme. Ich will Euch sagen, was in jener Burg der Brauch ist; ich kenne die nämlich recht gut. Die Bürger in der Stadt nehmen niemals einen Fremden bei sich auf. Das tut nur der Herr der Feste: allen will er die Ehre geben. Lanpart ist sein Name, und Ihr sollt hören, was bei ihm der Brauch.[32]

Er beherbergt keinen Ritter, der gerüstet hoch zu Roß daherkommt, ohne Lanzenstechen; das dauert, bis er selbst oder der andere zu Boden geht. Wenn mit Gottes Hilfe der Gegner den Sieg erringt, so wird er in Ehren aufgenommen. Doch wenn der Herr ihn aus dem Sattel stößt, heißt das, er muß zurück, ohne Pferd und mitten durch die Stadt, auf erniedrigendste Weise, unter Schmach und Schande. Mit Strohwischen voll Kot und Dreck, mit Töpfen voller Asche und voll Unrat treten ihm die Leute aus der Stadt allesamt entgegen. Ärgste Demütigung wird ihm zuteil, denn ein jeder wirft ihm den ganzen Schmutz, den er bei sich hat, mitten ins Gesicht[33].

Höchst mißlich ist es daher, diese Feste zu betreten; weit besser ist es, am Mauerwall entlang außen um die Burg herumzureiten. Bislang war noch kein einziger unter allen Rittern Lanpart überlegen, und die Leute haben daher manchem auf ihre Weise übel mitgespielt. Und darum, lieber Herr», schloß nun das Fräulein, «reiten wir dort gewiß nicht hin!»

Doch er erwiderte: «Das, Mädchen, vermag mich nicht zu schrecken, denn wenn Gott will, wird er uns mit seiner Macht zur Seite stehen. Ihr könnt reden, soviel Ihr wollt. Aber seid mir nicht böse! Dort in der Burg werde ich Herberge suchen, und ich werde mich dem Ritter stellen, der durch seine Drohung sein Haus wie eine Festung abschirmt, in die kein Ritter Einlaß finden soll. Messen will ich mich mit ihm! Also vorwärts, keine Angst!» – «Gott steh' uns bei!» rief da Helie. «Ihr wollt es so, wohlan! Der heilige Name des Herrn sei uns Schutz und Schild!»

Und schon sind sie in der Burg; durch

das Tor geht es hinein und dann über die Hauptstraße weiter. Die Leute aus der Stadt grinsen, als sie sie kommen sehen; einer zeigt es dem anderen: da naht ein Ritter; und gleich machen sich alle bereit, richten die Strohwische her und eilen, die Töpfe mit Asche zu füllen und Lappen mit Dreck zu tränken: besudeln wollen sie den Fremden. Alles spricht und redet durcheinander und rüstet sich, ihn zu bewerfen, denn ein jeder von ihnen glaubt sicher zu wissen, gegen ihren Herrn sei der da machtlos. Robert sieht, was sie dort tun, und er zeigt dem Ritter dieses Treiben um die Burg.

Draußen trafen sie den Herrn; er hatte gerade Schach gespielt und einen Ritter matt gesetzt. Kaum sah Lanpart den fremden Ritter, sprang er auch schon auf. In seinem Haar war Grau, und aus Scharlachstoff war sein Gewand, ja, in der Tat, besetzt mit schwarzem Zobel und mit Buntwerk, und es hatte keine Schlitze; an den Füßen trug er Stiefel und um den Leib einen quergestreiften Silbergürtel, ein wahres Meisterwerk. Ein trefflicher, untadeliger Ritter war das.

Ohne abzusitzen, grüßte ihn der Unbekannte, und Lanpart erwiderte höflich: «Seid willkommen, lieber Herr! Ihr sucht wohl ein Quartier; ganz offensichtlich braucht Ihr eines. Aufnehmen will ich Euch gern, doch so, wie es der Brauch, der bei mir herrscht, gebietet: Zuerst einmal gilt es, mit der Lanze gegen mich zu kämpfen; gehe ich dabei zu Boden, bin ich verpflichtet, Euch bei mir aufzunehmen, denn so ist es Gesetz. Doch im umgekehrten Fall heißt es für Euch abziehen ohne Bewirtung unter schimpflichem Geleit.» Völlig unerschrocken, wie der Unbekannte war, ging er darauf freudig ein.

So führte ihn Lanpart in den Saal, wo er den üblen Brauch pflegte. Zu ebener Erde erstreckte der sich gewaltig breit und lang; dort mußte er sich allen Rittern im Lanzenstechen stellen. Er läßt sich einen Teppich bringen, und sobald der ausgebreitet auf dem Boden liegt, eilt er herbei und setzt sich auf die eine Seite auf das Bildnis eines grauen Leoparden; in den Teppich ist das eingewirkt. Mit größter Sorgfalt macht er sich daran, seine Rüstung anzulegen. Man streift ihm eine Kettenhose über;

ganz ausgezeichnet ist die und in ihrem Weiß noch heller als die Blüten eines Weißdornstrauchs; gar blank und dicht gefügt sind die Ringe.

Man brachte ihm sein Pferd, und er saß auf, von Kopf bis Fuß gewappnet; ja, das war ein wackerer, hochberühmter Recke. Schließlich griff er sich den Schild und ließ starke Lanzen bringen, so viele, wie zwei Knappen tragen konnten. Schaut, schon schleppten sie die alle herbei; lang, hart und dick waren sie. Schnell wählte sich jeder die seine, so wie er sie haben wollte.

Sie reißen die Pferde herum, gehen in Distanz und spornen die Rosse in Schwung. Die fliegen nur so dahin, und mit voller Wucht treffen sich die Kämpen zielsicher mit den Lanzen; in der Faust brechen sie ab. Die Rosse prallen zusammen; doch geschickt halten sich die Ritter im Sattel: gar wackere, kühne Streiter waren beide.

Nach dem ersten Durchgang nehmen sie sich auf der Stelle gleich neue Waffen, geben ihren Pferden die Sporen und stürmen grimmig aufeinander los; die Lanzen gesenkt, rammen sie sich mit aller Kraft:

da zerschellt Lanze an Lanze. Hoch in die Luft fliegen die Splitter. Im Tjostieren waren die zwei Meister.

Eine neue Lanze wollten da beide, und Robert traf eine gute Wahl. Die festeste und beste nahm er sich, eilte hin zu seinem Herrn und reichte ihm die Waffe; ja, er war ihm herzlich zugetan. «Herr, um der Liebe Gottes willen, welcher der Sohn Marias ist, denkt an die schrecklichen Strohwische und die Töpfe!» beschwor der Knappe den Ritter. «Ihr dürft nicht unterliegen! Hier sind alle, vornehm oder gering, nur darauf aus, Euch zu erniedrigen; schon drängt man sich in allen Straßen, begierig, Euch mit Schmach zu überhäufen.» – «Nur ruhig, Freund!» entgegnete der Unbekannte. «So Gott will, wird er uns in seiner Macht zur Seite stehen.»

Und schon richtet er unverzüglich die Lanze wiederum auf seinen Gegner; auch der sprengt los. Auf geht es zum Angriff. Lanpart trifft als erster mit rüdem Stoß auf den Schild des Unbekannten; die Lanzenspitze fährt hindurch, in Stücke fliegt der Schaft. Doch auch jener trifft genau; auf dem Buckel aus leuchtendem Gold landet

OR dist li contes qua quant
li saisne furent desconfit
en la ualee de whestoc· si en
fu li rois loth mlt lies et

das scharfe Eisen mit voller Wucht: durchstoßen wird der Schild. Hart und fest ist die Lanze und gewaltig sein Stoß; aus den Steigbügeln reißt es den anderen zu Boden, doch ohne die geringste Wunde oder irgendeinen Kratzer.

Flugs war er wieder auf den Beinen und
ging gleich zu dem Unbekannten hin. 34
«Steigt ab, Herr!» bat er. «Ihr habt Euch das Recht auf Unterkunft erworben; Ihr werdet sie bekommen, ganz so, wie Ihr es wünscht.» Da saß der Ritter ab, und ein Knappe nahm sein Pferd. Schon waren mehrere zur Stelle, und unverzüglich half man ihm aus der Rüstung, Lanpart erst danach.

Helie tritt nun ein wenig beiseite, und Lanpart umhalst und umarmt sie. Abseits von den übrigen sucht er das Gespräch. Glückwünsche gehen hin und her zur Trefflichkeit beider Kämpfer. Mit größter Achtung behandelt Lanpart das Fräulein, denn er ist der Seneschall ihrer Herrin. Schließlich will er von ihr wissen, wie die Dinge denn nun stünden, und ohne Umschweife berichtet sie: «König Artus habe ich in Carlion am Hof getroffen; ich habe ihn gebeten, meinem Fräulein beizustehen. Er erwählte diesen Ritter dort, der gerade eben gegen Euch gekämpft hat. Darüber war ich zuerst schier außer mir. Aber nun entspricht er wirklich ganz und gar dem, was ich mir wünsche. Unterwegs habe ich ihn schonungslos geprüft, in harten Gefechten, unter meinen eigenen Augen. Kurz und gut, für mich ist er der Beste. Erweist ihm alle Ehre, denn er ist ein wahrer Held.» Ihre Worte stimmen Lanpart äußerst froh.

Gleich geht er auf den Ritter zu, umhalst ihn kurzerhand und befiehlt, ihn aufs herzlichste aufzunehmen. «Herr, viel Schweres habt Ihr hinter Euch, habt Euch geschunden und geplagt. Geschickt wart Ihr stets und habt Euch wacker gehalten: das gefällt mir sehr. Nun aber ist es höchste Zeit, sich auszuruhen.»

So ließen sie sich denn zum Nachtmahl nieder. Gerichte mancher Art trug man dort reichlich auf, soviel wie sie nur wollten. Nach dem Essen floß der Wein in Strömen, [...] endlich wollten sie zu Bett, denn früh schon hieß es für Gebet und Messe aufstehen. Danach ging es zur Herberge zurück, wo ein Frühmahl auf sie wartete. Lanpart hatte das bereiten lassen; es gab fette Kapaune und anderes Geflügel am Spieß.

Um sich zu stärken, verweilte der Ritter ein wenig bei Tisch. Doch kaum hatte man sich von der Tafel erhoben, kam gleich der Befehl, die Pferde zu satteln. Unter vier Augen flüsterte Lanpart seinem Gast ins Ohr, er dürfe nun nicht länger säumen; es sei kein Zweikampf zu fürchten, nur mitnehmen müsse man die Rüstung. Der Unbekannte trug da sofort dem Knappen auf, den Harnisch aufzuladen; und schon war er reisefertig. Der Knappe aber tat, wie ihm befohlen.

Aufgezäumt standen die Pferde bereit, und also saßen sie ohne weiteres auf. Gemeinsam mit den anderen zog auch Lanpart nun von dannen; er gesellte sich an die Seite des Mädchens und plauderte leise gar freundlich mit ihr und dem Zwerg; der führte das kostbare Streitroß am Zügel und trieb des Fräuleins Zelter an. So zogen die drei tuschelnd dahin, vorneweg der Unbekannte nebst Robert, seinem Knappen. Er bemerkte das Getuschel hinter sich, und so war es nicht verwunderlich, wenn ihn Furcht und Unbehagen vor dem ergriff, was da kommen sollte.

Gegen Abend ritten sie durch einen Wald; da plötzlich erblickten sie die Öde Stadt[35]. Die war ehedem, so wie sie einst war, herrlicher anzuschauen als jede andere. Doch jetzt ist sie ein öder Ort, scheint mir. Einst lag sie weithin gebreitet zwischen zwei tosenden Wassern und zeigte ihre Türme und Häuser, ihre Kampanile und Reduits, den Glanz prächtiger Ritterpaläste und funkelnde Adler[36].

Der Anblick dieser Stadt ließ sie unvermittelt halten, und alle stiegen ab. Lanpart und das Fräulein waren in Tränen ausgebrochen. Man befahl nun, die Rüstung herbeizuholen, um sie dem Unbekannten anzulegen. Mit zähen Hirschlederriemen schnürte man ihm die Kettenhose zu, streifte ihm die Brünne über und setzte ihm zuletzt den Helm aufs Haupt.

Als er gut gewappnet war, weihte ihn Lanpart endlich ein: «Nun, Herr, gilt es loszureiten, ganz allein, ohne einen einzigen Gefährten, denn wer mit Euch zieht, kann dem Tod nicht entrinnen. Wenn Ihr in die Stadt gelangt, werdet Ihr alte Mauern sehen, Portale und Glockentürme, Häuser mit Söllern, Gewölbe von Handwerkern und hohe Zinnen von Ritterpalästen. In Trümmern werdet Ihr all das finden und keine Menschenseele weit und breit. Hütet Euch, zurückzublicken, folgt nur weiter unverwandt der Straße bis zum Hauptplatz jener Stadt! Dort erhebt sich ein riesiger Marmorpalas aus alter Zeit. Reitet geradewegs hinein! Gar groß und breit ist der Saal, gewaltig das Eingangsportal. Unverkennbar ist der Ort. Tausend Fenster hat die Fassade, und heraus schauen Spielleute, die prächtig gewandet sind. Jeder von denen hat ein anderes Instrument und vor sich eine brennende Kerze. Ein Klangreigen süßester Melodien ertönt da. Sobald die Euch sehen, werden sie Euch freundlichst grüßen. Darauf erwidert nur: ‹Gott möge Euch verfluchen!› Dieses Gebet dürft Ihr nicht vergessen; erst danach sollt Ihr den Saal betreten und dort der Dinge harren, die da kommen sollen. Wenn Ihr im Saal seid, werdet Ihr eine Kammer sehen; in die setzt keinen Fuß, sofern Euch Euer Leben lieb ist! Bleibt in der Mitte stehen und harret dort der Dinge, die da kommen sollen! Nun voran, schnell aufs Pferd! Sonst vergeudet Ihr nur Zeit.»

So saß der Ritter denn auf; er empfahl sie der Obhut des Herrn, und auch jene erflehten Gottes Schutz für ihn. Das Herz wollte ihnen brechen, wie sie ihn da ziehen sahen. In banger Ahnung, ihn nie mehr wiederzusehen, fingen sie an zu weinen. Nun sei Gott in seiner Macht ihm Schutz und Schild! Lanpart und das Fräulein ließen ihre Tränen fließen, Robert sank besinnungslos zu Boden, der Zwerg raufte sich mit den Händen schluchzend das Haar in gar tiefem Schmerz.

Die furchtbaren Ritter der Öden Stadt

Der Unbekannte zog von dannen, hin zur Stadt bis zu einer Brücke; die führte über ein Wasser vor dem Tor, das einen Teil der Stadt umfloß. Über fünf Meilen weit erstreckte sie sich, rings umgeben von Gräben und Mauern; stark und mächtig waren diese, und ihre marmornen Quader waren mit Mörtel verfugt und ruhten fest aufeinander. Mit einem Relief von Tieren und Blumen darauf waren sie anmutig gesetzt in einer Vielfalt von Farben: Indigo, Grün, Gelb und Grau. Rund um die Feste erhoben sich Türme, stets fünf Klafter voneinander entfernt; so konnte man sie leicht erreichen und sich oben gut miteinander verständigen.

Kein Mensch war in der Stadt, ganz öde lag sie da. Bei dem Anblick schlug der Unbekannte gleich ein Kreuz, dann aber ging es hinein durch das Tor; das war nurmehr ein Trümmerhaufen. Und weiter zog er dahin, immer der Hauptstraße entlang; dabei betrachtete er auch die anderen Straßen. Breit waren die, und es gab Fensterarkaden aus Marmor, doch die Säulen waren alle umgestürzt. Haltmachen wollte er nirgends, bis er den Saal erreichte. Dort sah er in allen Fenstern die Spielleute sitzen; eine Kerze brannte vor jedem von ihnen, und in der Hand hielt der eine wie der andere das ihm bestimmte Instrument. Und so kann er denn sehen, wie dieser da in seiner Nische die Harfe schlägt, jener daneben die Rotte[37] spielt, ein anderer Dudelsack bläst, der dort die Fiedel streicht, ein weiterer geigt und schalmeit und hell wie eine Sirene singt oder die Zither zupft. Ins Horn stoßen hört er den einen, den anderen lieblich flöten. Liebesweisen tragen manche vor. Es ertönen Tamburine, es ertönen Trommeln, Sackpfeifen, Psalter und Frestel[38], Posaunen und Trompeten. Jeder dort übte sich in seiner Kunst.

Kaum gewahrten die den Recken in voller Rüstung hoch zu Roß, da riefen sie mit lauter Stimme: «Gott schütze den Ritter aus König Artus' Gefolge, Gott schütze ihn, der da kommt, um der Dame beizustehen!» Entsetzen ergreift da den Unbekannten, dennoch antwortet er: «Unglück komme über Euch alle im Namen des Herrn, der die Welt erschuf!»

Und schon ging es weiter im Galopp, mitten hinein in den Saal, ohne Säumen. Hinter der Tür stand ein Spielmann mit einer Trommel in der Hand. Der verriegelte sogleich die Pforte. Strahlende Helle erfüllte den Saal; die kam von den brennenden Kerzen, welche die Spielleute hielten. Gar prächtig war diese Halle, und darin befand sich ein riesiger Tisch; der ruhte auf sieben festen Füßen. In der Mitte des Raums hielt der Unbekannte inne; auf seine Lanze gestützt, harrte er der Dinge, die da kommen sollten. Und schon sieht er aus einer finsteren Kammer einen Ritter nahen, gewappnet, in gutem Harnisch auf einem Roß; ein Grauschimmel war es, auf dem er saß, um den Hals einen grünen Schild ohne besonderes Zeichen. Gewaltig dick war seine Lanze und ihre Spitze scharf. Kaum gewahrt er den Unbekannten, spornt er mächtig sein Pferd. Doch auch der sieht ihn kommen und schwenkt zum Angriff gegen ihn. Keiner von beiden lockert die Sporen, und so stürmen sie in vollem Schwung einander entgegen. Oben auf die Schilde prallen die Lanzen, treffen mit Wucht: zu Boden gehen müssen beide. [...] Doch flink springen sie wieder auf, in der Hand die scharfen Klingen. Auf die Helme, auf die Schilde sausen die Hiebe nieder, gewaltig und schwer. Schonungslos zwingen sie sich oft in die Knie. Schließlich aber läßt der Kampfesmut des Unbekannten den anderen klar erkennen, daß jede Gegenwehr umsonst ist. Er spürt, wie vortrefflich dieser Ritter ist, und so verzichtet er auf jeden weiteren Waffengang. Voller Hast zieht er sich zur Tür zurück und rettet sich in seine Kammer.

Er verschwand in ihrem Inneren; der Unbekannte setzte hinterdrein, dem Gegner auf den Fersen. Schon wollte er über die Schwelle ihm nach in die Kammer, da sah er plötzlich riesige Äxte niedersausen, um ihn zu vernichten; von oben kommen die geflogen. Blitzschnell macht er einen Satz nach hinten, sonst wäre er ein toter Mann gewesen.

In der Mitte des Raums hielt er inne und verharrte dort geraume Zeit, denn er konnte die Hand nicht vor den Augen sehen; stockfinstere Nacht war rings um ihn, und so wußte er nicht, wo sein Pferd war. Schon schickte er ein Stoßgebet zum Herrn, ihn von diesem Ort doch fortzubringen, daß ihm nicht Schmach und Schande widerfahre. Während der Ritter noch klagte, sprang einer der Spielleute auf und zündete die Kerzen alle wieder an. Da kehrte sogleich mit dem Licht der Flammen die Helle von vorher zurück. Nun übten die Spielleute wiederum ihre Kunst; jeder ließ sein Instrument ertönen, wie er es zuvor getan. Kaum ward es Licht, verlor der Ritter seine Furcht. Schnurstracks lief er zu seinem Roß und nahm es hurtig beim Zügel. Auf dem Steinboden lag seine Lanze; die packte er, saß auf und ritt zurück in die Mitte des Saals. Ohne sich zu regen verweilte er dort, froh, wieder im Sattel zu sitzen.

Jetzt aber kommt aus der Kammer ein gewaltiger Ritter von hünenhafter Gestalt hervor. Trefflich gerüstet waren Reiter und Roß. Gar mächtig ist das, ein ganz seltenes Tier. Seine Augen funkeln wie Kristall, und vorn auf seiner Stirn erhebt sich ein Horn; aus dem Rachen speit es feurige Flammen; gelenker ist es als jedes andere Pferd, und wild und fauchend geht sein Schnauben. Ein Hüne von gewaltiger Kraft war der Herr. Mit Donnerhall preschte er vorwärts, schwarz gerüstet von Kopf bis Fuß. Über die Platten des Saals flog das Roß dahin im Galopp; heftig schlugen die vier Hufe auf, da zerbrachen die Fliesen aus Marmor, und es stoben feurige Funken. Der Boden dröhnte unter den Schlägen der Hufe, und der harte Stein zerfiel zu Staub.

Verblüfft war der Unbekannte ob des Anblicks, der sich ihm da bot. Er rief Gott an, der Herrlichkeit König, er möge ihm den Sieg über jenes Wesen schenken. Und schon geht es zum Angriff: mit den Sporen treibt er das Pferd dem Gegner entgegen, auch der sprengt los. Mit den Lanzen stürmen sie gegeneinander, all ihre Kraft bieten sie auf. Die Schilde an ihrem Hals schützen sie so wenig wie brüchige Rinde. Die Lederschicht reißt, das Holz zersplittert. Die Ringe der Brünnen bersten: in die Leiber dringen die Spitzen. Die Gewalt des Lanzenstoßes wirft sie beide aus dem Sattel.

Tödlich verletzt waren sie nicht und daher flugs wieder auf den Beinen. Sie zogen ihre Lanzen heraus; die waren beide zerbrochen, und so schleuderten die Ritter sie fort. Sie ziehen die Schwerter aus der Scheide; auf die Helme, auf die Schilde sausen die Hiebe der blanken Klingen mit Wucht. Gar grimmig tobte der Kampf zwischen beiden, wilder als jeder, den es je unterm Himmelszelt gegeben hatte, zwischen Tristan und dem gewaltigen Morhot in Cornwall, zwischen Olivier und Roland, zwischen Mainnet und Braimant, zwischen Ritter und Riese.[39] Hartnäckig wurde gefochten, schwere Schläge wurden getauscht, und schließlich waren sie am Ende ihrer Kraft. Pausenlos setzten sie einander zu und waren zuletzt völlig erschöpft; doch sie gaben nicht auf.

Wieder schlägt der Unbekannte zu und trifft geschickt: vom Kopf des Gegners fliegt der Helm. Kaum merkt der das, da will er weg, weil sein Haupt jetzt ungeschützt ist. Doch noch einmal fährt die scharfe Klinge nieder mit wohlgezieltem Hieb: gespalten und zertrümmert wird der Schädel. Die Panzerkappe kann nicht verhindern, daß der Kopf in zwei Hälften birst.

So machtvoll trifft ihn der Ritter, daß er ihn tot mit aufgerissenem Schlund zu Boden schickt. Durch den geöffneten Mund entfährt dem Leib ein gar widerlicher, stinkender Brodem. Um zu prüfen, ob er noch lebt, stößt ihn der Schöne Unbekannte an und legt ihm die Hand auf die Brust. Da zerfließt die in schierem Schleim, eklig und sauer. Dieser Wandel der Gestalt enthüllte sein böses Wesen.

Bei dem Anblick schlug der Ritter gleich das Kreuz; schon wollte er zu seinem Pferd zurück, aber in diesem Augenblick gehen die Spielleute fort und schlagen alle Fenster so heftig zu, daß die ganze Halle erbebt. Dröhnend werfen sie auch jede Tür drinnen zu: beinahe wäre der Saal durch dieses gräßliche Höllengetöse zusammengestürzt. Die Kerzen nehmen sie mit, und es verbreitet sich schwärzestes Dunkel: nichts mehr kann man sehen, so stockfinster ist die Nacht ringsum. Den Unbekannten tragen die Beine nicht länger, und es zieht ihn zu Boden. Für ihn dort in der Halle hört das Klirren der Fenster sich an, als brächen Himmel und Erde aus den Fugen. Da schlägt er gar oft das Kreuz und ruft Gott an, der Geist ist, er möge ihn vor der Teufel Arg bewahren.

Kaum stand er wieder auf den Füßen, suchte er unverzüglich den festen Tisch; der Zufall lenkte seine tastenden Schritte, und nach einiger Mühe fand er ihn schließlich. Dort angelangt, stützte er sich auf, noch immer verschreckt ob des Lärms, und betete voll Inbrunst zu Gott, seinem Herrn, ihm doch Beistand und Hilfe zu gewähren. «O mein Gott!» flehte er. «Mir mangeln die Worte, doch grausame Marter sucht mich heim. Die wird nie mehr enden, und nimmermehr, so glaube ich, wird es wieder Tag. Verloren bin ich, das ist mir klar, denn ich weiß nicht, wohin ich mich wenden soll, und mein Pferd ist fort. Doch ängstigt mich das etwa? Nein, nichts darf mich in Angst versetzen. Furcht schickt sich nicht für einen Ritter, solange er noch Waffen hat, ganz gleich, wie schrecklich die Gefahr. Auch gilt der Satz: ‹Liebe kennt keine Furcht.› Und so will ich denn nur noch an jene denken, die ich innigst lieben muß, an das Fräulein mit den Weißen Händen, das ich auf gemeine Art verließ. Zu ihr will ich hin und Vergebung erbitten, sollte ich dem hier entkommen. So Gott will, werde ich sie wiedersehen und mich nie mehr von ihr trennen. Mit der Kraft der Liebe ist mir vor nichts mehr bange.»

Da tat sich plötzlich vor seinen Augen ein Schrank auf, und heraus glitt ein Drache; der strahlte, gleich einer hell brennenden Kerze; mit funkelndem Licht, wie es noch keiner jemals gesehen hatte, erleuchtete er weithin den Saal, denn rot war sein Mund, und daraus spie er feurige Flammen. Gar garstig war er und ungeheuerlich groß, und mächtiger als ein Faß wölbte sich seine Brust. Wie große Karfunkel glühten die riesigen Augen. Auf den Boden schob er sich aus dem Schrank und kam vorwärtsgekrochen. Vier Klafter war der Drache lang, und dreifach gewunden war der gewaltigste Schwanz, den ein Auge jemals geschaut hat; alle Farben, welche Gott geschaffen hat, waren darauf bunt gemischt. Der Bauch aber schimmerte golden.

Der Drache wälzte sich dem Ritter entgegen. Bei dem Anblick schlug der gleich das Kreuz. Er lehnte noch immer am Tisch, aber als er die Teufelsgestalt gewahrte, wie sie sich näher und näher heranwand, legte er eilends, um sich zu wehren, die Hand an sein Schwert. Schon wollte er es zücken, doch da verneigte sich der gewaltige Drache vor ihm vom Kopf bis zur Brust in einer Gebärde voll Demut. Und also zog er die Klinge nicht. «Ich darf ihm nichts tun», sprach er bei sich, «denn ich sehe, er unterwirft sich.»

Or dist li contes que la nuit que la samblee fu departie si com vous aves oi revint li chevaliers

Immer näher kam der Drache, weiter und weiter wand er sich voran, dem Ritter entgegen. Der war schon wieder kurz davor, sein Schwert zu ziehen; den grimmen Wurm, den er dort herangleiten sah, den wollte er erschlagen. Doch wieder verneigte sich der Drache in freundlicher Gebärde. Da verharrte der Unbekannte, ohne sein Eisen zu zücken.

Plötzlich jedoch reckt sich der Drache empor bis zu des Ritters Mund; der zieht das Schwert aus der Scheide, um es ihm in die Brust zu stoßen. Doch noch einmal verneigt sich der Wurm in friedvoller Demut.

Da verharrt der Unbekannte mitten im Stoß; unverwandt schaut er, bewegungslos, gebannt von dem Mund in seinem so hellen Rot. Versunken starrt er darauf und kann den Blick nicht davon lösen. Auf einmal schnellt der Drache ihm entgegen, küßt ihn mitten auf die Lippen und macht kehrt.[40]

Der Unbekannte ist auf der Hut: das Schwert in der Hand, ist er zum Schlag bereit. Der Wurm aber hält inne, und ein letztes Mal verneigt er sich in einer Gebärde voll Demut; darauf kriecht er davon. Auch jetzt schlägt der Ritter nicht zu. Das verbietet ihm sein Edelmut, da der Wurm sich unterwürfig zeigt. So verschwand denn der Drache wieder im Schrank, welcher sich hinter ihm schloß.

Der Lärm und die anderen Schrecknisse waren nun alle fort, nur Dunkel herrschte noch immer im Saal. Voll banger Gedanken über den Kuß hockte der Ritter sich neben den Tisch und klagte: «Herr, mein Gott! Was wird dieser Schreckliche Kuß, den ich tat, mir noch bringen? Gar bitter war der. Verraten bin ich wahrlich und wahrhaftig. Gegen meinen Willen habe ich den Teufel geküßt, und so bin ich verhext. Kaum einen Deut gebe ich noch für mein Leben.»

Da plötzlich erschallt eine Stimme, die ihm klar und deutlich verkündet, woher er kommt und welchem Geschlecht er entstammt. Volltönend hallt sie laut durch den Saal: «Sohn des wackeren Gauvain[41], fürwahr, ich habe es immer gewußt: Kein Ritter hätte die Kraft zu der Erlösungstat besessen, keiner vermocht, den Kuß zu ertragen und das gefährliche, furchtbare

Wagnis zu bestehen, kein einziger auf dieser Welt wäre so stark gewesen, so beherzt und so tapfer, sich zu dem Werk zu erkühnen, außer Gauvain, deinem Vater, und dir. Nein, kein anderer konnte sie erlösen und ihr Retter in der Not sein. Durch deinen großen Heldenmut hast du die edle, kluge Dame nun errettet. König Artus nannte dich Schöner Unbekannter: das war ein falscher Name. Dein Taufname, der lautet Guinglain. Ich kenne dein ganzes Leben: Dein Vater ist Herr Gauvain; ich will dir auch sagen, wer deine Mutter ist: du bist der Sohn der Fee Blanchemal. Ich gab dir Rüstung und Schwert, und sie schickte dich zu König Artus, der dich dann damit betraute, dem Fräulein beizustehen. Du hast deine Aufgabe trefflich erfüllt.» Darauf verstummte die Stimme, da alles gesagt war. Voll Freude über ihre Offenbarung bleibt der Ritter allein zurück: durch ihre Rede weiß er endlich, wer sein Vater ist und wie er heißt.

Von hier an will ich Euch nun die Geschichte des wackeren Ritters Guinglain erzählen; bruchlos wird die alles überdauern bis an das Ende der Welt.

Tief erschöpft legte sich Guinglain auf den Tisch, den Kopf auf den Schild gebettet. Müde und matt, wie er war, wollte er nur noch schlafen. Er schlummerte ein, und als er endlich erwachte, war lichter Tag, und strahlende Helle erfüllte den Saal.

Zu seinen Häupten sah er eine Dame; vollendet in ihrer Schönheit wie niemals eine zuvor, stand sie da. So zart und frisch war ihr Antlitz, daß kein Gelehrter es beschreiben und kein Menschenmund davon mit Worten künden könnte. Mit Meisterhand hatte Mutter Natur sie geformt: Mund, Augen, Antlitz und Stirn, Leib, Arme, Füße und Hände waren von äußerstem Liebreiz, wie ihn auf der Welt sonst keine besitzt, nur die eine, die Jungfrau mit den Weißen Händen, die ohnegleichen ist und über alle Maßen schön. Doch Ihr dürft versichert sein, auch diese hier war frei von Makel. So hatte Mutter Natur sie geschaffen und mit größter Sorgfalt geformt. Gekleidet war sie in grüne Seide, die herrlichste, die es je gegeben hat. Ja, sehr prächtig war der Mantel. Zwei Zobel zierten den Halsausschnitt, erlesen und vornehm war der weiße Hermelinbesatz, und die Bänder daran in ihrer Mannigfaltigkeit waren eine kleine Kostbarkeit; unzerreißbar und unzerschneidbar waren die, so hatte sie eine Fee der Insel im Gefrorenen Meer einst gemacht. Aus dem gleichen Stoff wie der Mantel war auch das Kleid, das sie trug. Prunkvoll war das und fein gefertigt; das Futter war ganz aus Hermelin, und für den Kragen hatte man wahrhaftig mehr als fünf Unzen Gold verbraucht und weitere vier für den Ärmelsaum. Überall auf dieser Goldstickerei saßen noch Hyazinthe und andere Steine von großer Wirkkraft.

Als Guinglain die Dame gewahrte, hob er den Kopf und grüßte sie. Da grüßte auch jene und sprach: «Herr, ich bin die Eure, so ist es recht und billig: denn Ihr habt Euer Teil getan und mich aus der Gefangenschaft, in der ich schmachtete, erlöst. Darum, lieber Herr, bin ich ganz und gar die Eure. Ich bin die Tochter des edlen Königs Gringras; aus gar arger Qual habt Ihr mich errettet. Herr, ich bin jene, um derentwillen das Fräulein am Artushof

Hilfe suchte. Meinetwegen seid Ihr in diesem Land, und nun habt Ihr mich gerettet aus arger Qual gar langer Wochen. Entsetzlich war sie, und gleich sollt Ihr hören, worin sie bestand.

Noch keine drei Monate waren vergangen, seit mein Vater, der König, gestorben war, da erschien ein Zauberer in dieser Burg, begleitet von seinem Bruder. Sie gaben sich beide als Spielleute aus und verhexten noch am nämlichen Tag jeden hier in der Stadt, über fünftausend Leute: alle glaubten, sie würden rasend und toll. Aus der Erde wurden die Türme gerissen, die Kampanile umgestürzt. Ungeheuerliches trug sich da zu; das hättet Ihr sehen sollen: die Erde tat sich auf und barst grollend bis in die Tiefen. Gelenkt durch die Kraft des Zaubers, sausten Steine durch die Luft gegeneinander. Es schien, Herr, als ob alles zusammenfallen wollte, ja, als brächen Himmel und Erde aus den Fugen. So gewaltig war die Zauberkraft der beiden, daß jeder nur noch die Flucht ergriff, denn ihrem Treiben ein Ende zu setzen, vermochte keiner.

So kamen sie schließlich hierher in die

Halle, um auch an mir ihre böse Kunst zu üben. Sie berührten mich mit einem Buch, da ward ich ein Drache, und das mußte ich seitdem lange Zeit bleiben. Manchmal wollten sie mit mir sprechen, dann traten die zwei vor mich hin und lösten den Zauber. Der ältere von beiden, Mabon mit Namen, bedrängte mich oft, ich solle ihn doch zum Gatten nehmen und ihm mein Herz in Liebe schenken, dann werde er mich gleich von meiner Pein erlösen; sollte ich mich aber weigern, sei mir das arge Los beschieden, allezeit ein Wurm zu bleiben; nur der beste, tapferste, furchtgebietendste Ritter aus König Artus' Gefolge könne dann mein Schicksal noch ändern, sonst nichts. Wahrlich, du bist der Beste; nur dein Vater, der edle Gauvain, der ja alle Vorzüge in sich vereint, ist ebenso gut.

Die Spielleute, welche Ihr beim Eintritt in den Saal hier saht, waren Teil des Zaubers; eine gar grausame Bande war das. Der Recke, welcher Euch als erster angegriffen hat, hieß Evrain der Wilde; Mabon, der Urheber des teuflischen Spuks, war der zweite. Als Ihr den tot niederstrecktet, machtet Ihr damit zugleich ihr

Höllenwerk zuschanden, das war nun alles dahin. Der Drache aber, der herankroch, Euch zu küssen und Euch so voll Demut huldigte, das, Herr, bin ich gewesen, ich lüge nicht. Allein dieser Kuß konnte mich ja dem Schicksal entreißen, für ewige Zeiten ein Wurm zu bleiben. Das ist die reine Wahrheit, Herr, ehrlich und wahrhaftig.

Doch nun zu etwas anderem: Ihr sollt Herr sein über mein Reich. Wales heißt dieses Land, dessen Königin ich bin, und der richtige Name der Stadt hier ist Snowdon[42]. Doch weil Mabon sie verwüstet hat, ist sie nurmehr bekannt als die Öde Stadt. Sie ist die Hauptstadt meines Landes. Drei Könige sind mir lehenspflichtig: so groß ist mein Reich, so mächtig und stark. Und dennoch möchte ich Euch gütigst bitten, da Ihr mich ganz und gar erobert habt, nehmt mich zu Eurer Frau! Damit werdet Ihr ein reicher und gekrönter König. Schon jetzt wissen alle weit und breit, daß Ihr mein Retter in der Not gewesen seid.»

Guinglain vernahm ihre Worte und verstand es, ihr gar schön zu tun, und so beteuerte er: «Das, meine liebe Herrin, werde ich mit Freuden tun, wenn Artus zustimmt. Ich muß erst hin zu ihm, es zu bereden, denn ohne ihn wird es keine Heirat geben. Es wäre wahrlich gegen alle Sitte, sich ohne seinen Segen zu vermählen; das will und wage ich mitnichten. Nein, ich möchte seinen Rat einholen: ohne den will ich niemanden zur Frau. Doch wenn er es billigt, soll es mir recht sein, dann könnt Ihr meine Gemahlin werden.» So vertröstete er das Fräulein und sprach ihr solange gut zu, bis sie sich einbilden konnte, seine ganze Liebe gehöre einzig ihr allein.

Am Ende wandte er sich ab; da sah er Helie, begleitet von Lanpart, durch die Tür der Halle treten; er sah seinen Knappen Robert wieder, und als letzter folgte auch der Zwerg. Lachend kamen die vier herein, und jetzt bricht ein wahrer Freudentaumel aus, ja wahrhaftig! Aus tiefstem Herzensgrunde froh, begrüßen sie einander, nun, da sie glücklich wieder beisammen sind; in hellem Entzücken fallen sie sich in die Arme. Helie und Lanpart frohlocken, denn ihnen ist endlich die Herrin wiedergegeben, Robert aber feiert seinen Herrn, um den er sich derart geängstigt hat.

Nach diesem stürmischen Willkomm eilte man und half Guinglain flugs aus seiner Rüstung; Robert band ihm den Helm los. Wie er nun ganz ohne Waffen vor ihnen stand, fanden sie ihn übersät mit blutigen Wunden. So lange hatte er in der Rüstung gesteckt, so viele Hiebe hatten ihn getroffen, daß sein wunder, geschundener Leib blutüberströmt war. Da wusch und verband man die Wunden sogleich und geleitete ihn hernach in eine Kammer; die war herrlich ausgestattet mit Gold aus Alexandria, mit tyrischem Stoff, mit Brokat und Orientseide, mit Mänteln aus Bunt- und aus Grauwerk und manch anderer Kostbarkeit. Dort gab es Gold und Silber in Fülle. Ja, einladend war diese Kammer, und darin befand sich ein gar behagliches Bett.

Es bleibt nicht viel zu sagen übrig, aber ich will nicht für mein Schweigen getadelt werden, und so will ich Euch nun ab hier in aller Kürze berichten und schildern, wie alle Edlen von Wales, die Bischöfe, Äbte, Fürsten, Vasallen eilig zusammenströmten, kaum daß sie die Kunde erreichte, wie das Fräulein erlöst worden sei. Da gab es kein Halten mehr: die glückliche Wendung, die das Schicksal genommen, trieb sie zum Hof. Voll Verlangen, die Herrin zu sehen, fand sich alles dort ein, große Leute und kleine. Ja, das war ein gewaltiger Auflauf.

All die Erzbischöfe und Bischöfe, Äbte und anderen gelehrten geistlichen Herren kamen unter lautem Jubelgesang in einer Prozession daher mit Kreuzen und mit Weihrauchfässern, mit Bannern aus prächtigem, kostbarem Tuch und mit allen Reliquienschreinen. In den Klöstern läuten die Glocken, und Weihwasser wird allerorten in den Straßen versprengt. So segnen die heiligen, gottgefälligen Männer die ganze Stadt. Die erste Messe feiern sie in der Münsterkirche, dann aber geht es gleich zur Zitadelle, und dort wird eine zweite Messe gelesen. Weihwasser wird überall versprengt, um die Stätte zu segnen und Mabons Zauber auszutreiben.

Zu guter Letzt führte ihr Weg sie zum Rittersaal, in den so lange niemand mehr einen Fuß hatte setzen dürfen. Auch der wurde gesegnet. Da erblickten sie dort plötzlich die verlorene Herrin, und es erhob sich ein Jubel wie nirgends jemals zuvor. Ja, vollkommen war ihre Freude: endlich war ihnen ihre Königin wiedergegeben; edel war die ja und gut und zu jedermann freundlich. Ihre Lehensleute liebten sie sehr und hatten sie arg vermißt, denn sie war gar tugendreich und klug.

«Hört mich an, ihr Herren!», so spricht sie nun zu den Edlen. «Euren Rat möchte ich haben wegen des Recken, der um meinetwillen so Schreckliches ertragen hat. Bis nach Maine gibt es keinen Ritter wie ihn. Erweist ihm alle Ehre, denn er ist ein wahrer Held! Guinglain ist des Tapferen Name, und sein Vater ist der treue Gauvain; das ist der Neffe jenes Königs, welcher über Britannien und die Länder bis nach Spanien herrscht. Was ratet Ihr, soll ich ihn so belohnen, daß seine Dankbarkeit und Gunst mir sicher sind?» Einstimmig rufen da gleich die Ritter: «Edle Dame, Ihr müßt ihn zu Eurem Gatten nehmen, ganz unbedingt, denn er hat Euer Leben gerettet und Euch von gar argem Schmerz erlöst. Ihn allein wollen wir zum Herrn, denn er ist wahrlich der Beste auf der Welt.» Darauf antwortet ihnen die Königin: «Ich, ihr Herren, wäre entzückt, wenn er das wollte, seid dessen versichert! Sobald er seine Zustimmung gibt, ist dies beschlossene Sache. Nun geht und redet mit ihm! Wenn er mich zu seiner Gemahlin haben möchte, so werde ich ihn lieben und ihn achten.»

Und auf der Stelle schickte sie drei sehr vornehme Herzöge aus: die sollten gleich mit dem Ritter reden; vier Grafen, Lanpart und ihr Fräulein, zwei Bischöfe und drei Äbte rief sie auch noch herzu. Seht, schon sind die in der Kammer, wo Guinglain verletzt darniederlag! Zu seinen Füßen wachte Robert. Beim Eintritt grüßen sie sehr freundlich, und der Ritter, scheint mir, grüßt sie alle ebenso. Er richtet sich ein wenig auf; das soll bei ihnen den Eindruck erwecken, er sei wohlauf; und so nehmen sie denn Platz, verteilt in der ganzen Kammer.

Ein mächtiger Herzog, der dazu bestimmt worden war, überbrachte nun der Königin Botschaft und sprach: «Herr, hört mich an! Im Namen der Herrin und all ihrer Leute komme ich mit einem Angebot, das Euch wahrhaft ehrt: ohne Verzug und weiteren Aufschub mögt Ihr sie mit Gottes Segen zur Gemahlin nehmen! Aufrecht und treu, ohne Falsch und Tücke werden die Herzöge, die Fürsten und die Vasallen Euch in Liebe ergeben sein; willfährig werden sie Euch alle ehren und Euch dienen. Ihr werdet reich und mächtig sein. Ringsum in Eurer Nachbarschaft in alle Himmelsrichtungen sind Euch alle Edlen dieses Landes untertan. Also nehmt die Herrin zur Frau! Das müßt Ihr tun, denn damit erwerbt Ihr Euch Ansehen und Lehen. Euch wollen alle zum Herrn, weil dann das Reich in guten Händen liegt. Über ein gewaltiges Land sollt Ihr herrschen, und all seine Reichtümer sollt Ihr besitzen: nichts davon wird man Euch vorenthalten. Hier werdet Ihr Wälder und Wiesen haben, prächtige Kleider und herrliche Flüsse, Habichte für die Jagd, Gerfalken und Sperber, edle Falken, starke Rosse und Gold und Silber in Fülle; das könnt Ihr dann großzügig unter den Euren verteilen, die Euch lieben werden, wie es sich gebührt. Wollt Ihr gewappnet zu einem Turnier, so ist Euch eine treffliche Rüstung ganz nach Euren Wünschen stets sicher; auch werden Euch gar viele Ritter auf allen diesen Reisen begleiten. Dann ist der Kampf im Turnier für Euch keine Gefahr, denn Euren Leuten wird Euer Leben teuer sein. Nun sagt, was meint Ihr dazu? Der Ritterschaft und der Frau Königin, die Euch in edler Liebe innig zugetan ist, will ich die Antwort künden.»

Da erwiderte ihnen Guinglain, der ganz bleich war und schwach: «Euch, Herr, und all den anderen Edlen danke ich sehr für den Antrag, den ich aus Eurem Munde vernahm. Ich sage dazu nicht nein und nehme ihn gerne an. Doch will ich zuvor nach Britannien reiten und mir des Königs Erlaubnis holen. So lautet meine Bedingung, denn ich hielte es für arge Unvernunft, mir ohne sein Einverständnis einfach eine Frau zu nehmen. Ich bin sein Neffe, sein Gesandter, und niemals täte ich dergleichen ohne sein Wort. Einst wußte er nicht, wer ich war, voll Huld behielt er mich dennoch am Hof; dafür bin ich ihm tief verpflichtet. Auch die Herrin möchte ich bitten, zu König Artus zu ziehen und ihm zu danken, da er ihre Rettung veranlaßt hat: durch ihn fand ihr Schmerz ein Ende. Ja, er ließ sie befreien, und so muß sie zu ihm an seinen Hof, um ihm Ehre und Dank zu zollen. Auf seine Weisung hin habe ich die Tat vollbracht, also ist die Ehre sein, ganz ohne Frage. Mir ist es Entgelt genug, wenn er mich in der Schar seiner Ritter behält. Daher mein getreuer Rat: Sie möge sich zum Hof des Königs begeben, ihm ihren Dank abstatten und versichern, in Zukunft wolle sie ihm ganz ergeben sein. Das bedeutet nur Vorteil und Ansehen für sie. Wenn sie mich als Eheherrn will, so soll das dort besprochen werden, denn ich werde sie nehmen, falls Artus es billigt. Und daher noch einmal mein wohlgemeinter Rat: Sie soll jeden Aufwand betreiben und mit Gepränge zum Hof ziehen, mit stattlichem Putz und schmuckem Gefolge. Ist sie dazu bereit, heißt es sich rüsten, jetzt gleich auf der Stelle.»

Allem, was Guinglain ihr vorschlug, stimmte die Königin zu: Mit Freuden reite sie zum Hof; was immer er wünsche, sie werde es tun. Darauf vereinbarte man noch den genauen Tag: in einer Woche sollte die Fahrt beginnen. Zu Ende war die Unterhandlung; die Edlen verabschiedeten sich und gingen davon. Guinglain erflehte Gottes Schutz für sie, dann blieb er allein zurück, schwach und kraftlos. Die Dame aber rief die besten Ärzte herbei, um ihn schnell zu heilen; aufs ehrenvollste ließ sie ihn bedienen. Solange er dort weilte, war es ihr Bestreben, ihm alle Ehren zu erweisen.

Noch vor ihrem Aufbruch zum Hof kehrten die Leute aus der Stadt, welche heil und gesund geblieben waren, alle dorthin zurück. Gold, Silber und prächtige Kleider brachten die mit. Wozu viele Worte verlieren? Schon bald war die Stadt wiederaufgebaut und voll von rechtschaffenen Menschen.

Die Qualen der Liebe

Die Königin ist nicht müßig; sie bietet ein großes Gefolge auf: das will sie mit nach Britannien führen. In ihren Gemächern nimmt sie ein Bad und putzt sich heraus, und das Gepäck wird hergerichtet. Mit

Gepränge will sie zum Hof ziehen, denn ihre Gefolgschaft ist stattlich: dreißig Städte sind ihr untertan. Esmerée die Blonde, so hieß die Königin, und sie trug diesen Namen zu Recht. Heiß begehrt sie Guinglain zum Gemahl; ihr Herz ist ihm zugetan, nur zu ihm drängt es hin.

So traf die Königin die Vorbereitungen für ihre Reise, und Guinglain erholte sich derweil in der Stadt. Nach zwei Wochen war er wieder ganz genesen, da packte ihn plötzlich ein anderes Leiden. Die Liebe verdreht ihm den Kopf; er kann nicht schlafen, er kann nicht ruhen. Die Liebe, die ist ihm immer einerlei gewesen, doch jetzt, da muß er Marterqualen leiden für die Jungfrau mit den Weißen Händen. Er wurde bleich und schwach.[43] Über nichts in der Welt hätte er die Schöne vergessen können, nachdem er die Goldene Insel verließ. Ohne Abschied hatte er sich davongeschlichen; gar schmerzlich war der Gedanke, und er verfolgte ihn unentwegt. Tag um Tag war sein Herz nurmehr krank gewesen seit seiner Flucht an jenem Morgen. Ständige Sehnsucht hatte ihn seither immer erfüllt, nun aber ist die Liebe doppelt so stark wie zuvor. Die Wonne, das verheißene Glück, es erscheint ihm oft zweimal so groß, und wenn er tiefer schlummert, träumt es ihm manchmal, er schaue ihr Antlitz und liege wieder im Bett dort in jener Halle, wo er einst sein Lager fand; dann wähnt er die Fee bei sich, barfuß im Hemd, den Mantel nur übergeworfen, geradeso, wie er sie damals schaute, als sie zu seinem Bett in dem Saal kam, wo sie ihn in ihrem Bann hielt. Ja, all sein Denken kreist nur noch um sie.

Eines Tages im Palas ist es aus mit seiner Fassung, und er bricht in Klagen aus: «Ach, ich Armer! Ich weiß nicht, was das ist, was für ein Übel mich so peinigt. Ich glaube, es muß die Liebe sein, denn von den Leuten habe ich gehört: innig lieben müsse man die Frauen. Recht haben die, das kann ich nicht bestreiten. Ich selbst habe es durch die Jungfrau erfahren; die ist so wunderschön, und ich sterbe für sie. Große Ehre hat mir die Fee zuteil werden lassen, und ich habe mich im Morgengrauen fortgestohlen. Nie hätte ich das, was ich glühend begehre, auf so gemeine Art verlassen dürfen, der Tod wäre besser gewesen. Mit schwerer Pein straft mich nun die Reue über das, was ich einst tat. O Gott! Sie um Vergebung zu bitten, wage ich nicht; was also soll ich bloß tun? Mir bleibt nur das eine, ich werde für sie sterben. Niemand könnte mir noch helfen, und zu jedem weiteren Schritt fehlt mir der Mut. Eines grausamen Todes werde ich also hier sterben, denn Linderung werde ich niemals finden. Schweig still! Hör auf mit deinem Geschwätz! Zieh los und sprich mit ihr; erbitte Verzeihung! Setz der Marter ein Ende, wenn du es nicht länger ertragen kannst, wie sie dich quält und peinigt! Denn machst du so noch lange weiter, dann ist es in der Tat bald aus mit dir; dir bleibt keine andere Wahl.»

Darauf ruft er seinen Knappen; von dem will er nun einen Rat. Kaum ist er da, erzählt der Ritter seinen Kummer: «Bitte, Robert, gib mir einen guten Rat! Ich leide ganz fürchterlich; ich kann nicht schlafen, ich kann nicht ruhen; immerzu verfolgt mich die Erinnerung an jene, die wir auf der Goldenen Insel sahen. Schreckliche Qualen bereitet sie mir; ja, mein Leben ist dahin, wenn ich sie nicht bekomme, die

Jungfrau mit den Weißen Händen. Die begehre ich über alle Maßen. Vernichtet hat mich die Liebe; ein ums andere Mal fahre ich auf aus dem Schlaf. Das geht nun schon eine geraume Weile so, unentwegt peinigt mich die Liebe. Mein Edler, mein Guter, was soll ich tun? Früher habe ich jedes Übel verachtet, doch das hier hat mich ganz und gar vernichtet.» – «Ihr wollt mich wohl zum Narren halten?» versetzt da Robert. «Jedesmal, wenn ich mit Euch über die Liebe sprach, habt Ihr mich doch stets nur verspottet.» – «Nein, das ist kein Scherz», beteuert Guinglain, «wahrscheinlich habe ich die Liebe arg unterschätzt, und jetzt rächt sie sich dafür an mir. Mit ihrer grausamen Lanze hat sie mich vernichtet.» Da ruft der Knappe aus: «Jene, welche die Liebe in Eurem Herzen eingeschlossen hat, die sei gepriesen! Ich weiß fast nichts von Rittern; doch einer, der nie lieben mag, das ist ein Taugenichts; wer nicht nach Liebe trachtet, der kann keinen Ruhm erwerben, oder er ist schon uralt. Habt keine Furcht, Herr, wenn die Liebe Euch im Bann ihrer Macht hält! Sie will nur die Wackeren auf ihrer Seite, zu Schurken und Buben kommt sie selten. Habt also keine Furcht: leicht könnt Ihr ins Land der Liebe gelangen! Und ich werde Euch dabei, so gut ich nur kann, mit meinem Rat zur Seite stehen. Wollt Ihr darauf hören, nun, wohlan! Bald wird die Königin die Vorbereitungen für ihre Reise abgeschlossen haben; sie wird ihre Maultiere satteln lassen, ihre Zelter und die Pferde; Ihr werdet sehen, wie man auf den Rücken der Streitrosse kostbare Decken breitet mit dem Wappen der Herrin darauf und wie man Taler und lauteres Gold auf die Pferde verlädt. Laßt den ganzen Zug von dannen ziehen und legt derweil in Eurer Unterkunft, damit sie nichts merkt, in aller Ruhe Eure Rüstung an! Reitet dann erst los! Sobald Ihr die Königin einholt, vor der dies ganze Reich sich beugt, müßt Ihr sie mit den artigsten Worten um Urlaub bitten. Sagt, Ihr könnet sie nicht weiter begleiten, Ihr wollet in eine andere Richtung zu einer gar bedeutenden Sache; danach aber kämt Ihr gleich auch an den Hof, ohne Säumen, so schnell wie irgend möglich. Wenn Ihr die Erlaubnis bekommt und kehrtgemacht habt, geht es hin zur Goldenen Insel, Tag und Nacht ohne Rast. Dort werden wir Eure Liebste dann finden.» – «Was redest du denn da, guter Freund? Wie könnte ich mich erdreisten, zu ihr zurückzukehren; habe ich sie nicht auf gemeine Art verlassen?» – «Doch, lieber Herr, Ihr könnt», ermuntert ihn Robert. «Ihr könnt ihr offen gestehen, was Euch so peinigt. ‹Wagen läßt gewinnen, Zagen läßt zerrinnen.› ‹Wer einen Schmerz fühlt, der gehe zum Arzt!› heißt es, und der Bauer pflegt zu sagen: ‹Wen hungert, der greife nach Brot.› Wie soll sie wissen, was Ihr fühlt, wenn Ihr Euch nicht dazu bekennt? Zeigt Ihr den Schmerz, den Ihr leidet aus lauter Liebe zu ihr! So wird Euch gar bald Verzeihung gewährt. Auf Weinen folgt Lachen: das habe ich schon erlebt.» – «Wie lange das noch dauert!» jammert Guinglain. «Noch volle drei Tage, erst dann bricht ja die Königin auf. Ich könnte sterben in dieser Zeit, wenn mir in meiner Krankheit keine Erquickung zuteil wird.» – «Herr, nun nehmt Euch zusammen! Nur keine Angst: Ihr werdet ihre Liebe sicher gewinnen.» So wartet Guinglain, bis die drei Tage vorüber sind, und erträgt der Liebe Qualen.

Abschied von Esmerée

In der Morgenröte des fünften Tages machte sich Esmerée die Blonde zum Aufbruch bereit. Das kleinere Gepäck kam nach vorn an die Spitze des Zuges. Dann befahl sie den Knappen aufzusitzen, hernach auch den Rittern in ihrem Gefolge. Auf der Hand trugen diese Habichte für die Jagd, Falken, Gerfalken und vortreffliche Sperber.

Auf die Saumtiere lud man Truhen, kostbare Kisten und teure Koffer; da hinein packte man die reichen Schätze von Wales: Becher und Schalen aus Gold und aus Silber und noch manch andere Kostbarkeit wie goldene Näpfe und goldene Löffel; in ihrer Schatzkammer lagen die ja in Hülle und Fülle.

Schließlich saß auch die Königin auf. Hundert Ritter ihres Landes begleiteten sie; gar schmuck waren die ausstaffiert.

So zieht die Herrin nun endlich davon mitsamt ihren Edlen und mit einem Troß von Pferden und Zeltern, welche man schön aufgezäumt hat. Hinaus geht es aus Snowdon.

Guinglain aber schlüpft ganz heimlich in seine Rüstung.

Kaum ist die Königin außerhalb der Feste, bemerkt sie, daß ihr Ritter noch fehlt. «Gott steh' uns bei, ihr Herren!» ruft sie da aus. «Wo ist denn mein Liebster, mein Gebieter?» Doch niemand weiß darauf die rechte Antwort.

Gleich zügelt sie nun ihr Pferd und stellt wieder und wieder dieselbe Frage. Zurück zur Stadt geht ihr Blick: da kommt er gewappnet auf sie zu, neben sich seinen Knappen. Das versetzt sie alle in Erstaunen, aus welchem Grund nur mag er Waffen tragen? Er aber reitet geradewegs auf die Königin zu.

Als Esmerée die Blonde ihn sieht, lenkt sie ihr Pferd zu ihm hin; schon von weitem ruft sie ihm zu, er solle ihr sagen, warum und zu welchem Zweck er denn in Rüstung erscheine. Da erwidert Guinglain: «Holde Freundin, ich kann nicht mit Euch ziehen. Ich muß in eine andere Richtung in gar wichtigem Belang. Sobald ich das erledigt habe, komme auch ich an den Hof, ohne Verzug und so bald wie möglich. Grüßt König Artus von mir und erlaubt, daß ich gehe!» Die Königin aber fleht ihn an: «Habt doch Erbarmen, Herr! Die ärgste Folter wäre das für mich.» – «Es geht nicht anders, Herrin. Ich muß fort, adieu! Euch und Eurer Begleiter Schar empfehle ich dem Schutz des Herrn.» Damit schied er von den Edlen, und dieser Abschied war nicht leicht. Anderswohin geht nunmehr sein Weg.

Jeder war traurig, daß er davonzog, doch am meisten grämte sich die Königin. Ein ums andere Mal beklagte sie ihr Unglück.

Ja, wäre es nach ihr gegangen, so hätte er sie nicht verlassen. Vor lauter Schmerz und Verzweiflung war sie ganz von Sinnen. Und dennoch zog sie unbeirrt weiter, nach König Artus' Hof, mochte das Herz ihr auch weh tun.

Von der Königin Fahrt will ich Euch später ausführlich berichten und erzählen. Doch zuerst nun sollt Ihr von Guinglain hören. Im Galopp, ohne Rast reitet er dahin. Die Schöne mit den Weißen Händen zieht ihn; heiß und drängend ist sein Begehren, sie endlich zu sehen, und so scheint ihm der Weg ohne Ende.

Den ganzen langen Tag ritten sie dahin bis zum Abend, mehr als dreißig gallische Meilen weit, bis zu den Palisaden der schönen Burg dort auf der Goldenen Insel mit ihren festen und mächtigen Mauern. Ja, die war stark und gut befestigt. Wenn die Leute bis hin nach Limors sie dreißig Jahre belagert hätten, so wären sie dennoch nicht hineingelangt. Auch war sie über alle Maßen prächtig. Beschreiben möchte ich sie diesmal freilich nicht, denn das ist bereits anderswo geschehen. Doch fürwahr, das war die stattlichste Burg, die je ein Mensch erblickt hat. Kaum sieht sie der Ritter, hüpft sein Herz vor Freude. Schon von weitem erkennt er die Feste genau, wie sie mitten im Meer da vor ihm liegt. Im Galopp, ohne Rast reitet er dahin zu der Goldenen Insel im Meer.

Sie sehen Damen, Ritter und Mädchen; die kommen draußen vor der Burg ihres Wegs, und also reiten sie auf jene zu. Auf der Hand tragen sie Sperber und Falken, Habichte, Terzel und Schmerle[44], denn sie sind auf Beizjagd gewesen. Guinglain war entzückt ob dieser Begegnung, seine Liebste war ja dabei, ganz vorn an der Spitze, auf einem weißen Zelter. Der kam gemächlich und ruhig im Paßgang daher; ein Schecke war das mit schwarzen Flecken auf weißem Fell, und seine Mähne schien golden. Das ist wahrhaftig die Jungfrau mit den Weißen Händen. Äußerst kostbar war das Zaumzeug ihres Pferdes. Daran hingen hundert goldene Glöckchen; die hatten Mauren gar kunstreich gefertigt, und so tönten sie nun bei jedem Schritt des herrlichen Zelters mit süßerem Klang, als Harfe und Rotte es tun; nein, auch von Geige und Fiedel habt Ihr noch nie so liebliche Töne gehört. Was soll ich über den Sattel sagen, auf dem das Fräulein saß? Ein Meister aus Irland hatte ihn gemacht. Vortrefflich war er und prunkvoll; er läßt sich kaum beschreiben. Er bestand aus purem Gold und aus Kristall, überzogen mit hübschem Emailschmuck. Hold und hehr war die Dame; mit wehendem Haar ritt sie dahin. Wegen der Hitze hatte sie den Mantel abgelegt; nur in ein Obergewand war sie gehüllt, und das war, über und über mit Gold durchwirkt, aus dem teuersten Stoff, den man jemals gesehen hatte, und auf feine, gefällige Art gefertigt. Da es heiß war, trug sie auf ihrem Kopf einen Hut in einer Vielfalt von Farben: Indigo, Grün, Weiß und Grau; der schützte ihr Antlitz vor der sengenden Hitze. Auf dem Hut waren goldene Vögel abgebildet; ja, er war wertvoll wie ein Schatz. Glänzender als lauterstes Gold fiel ihr Haar lose nach hinten. Ohne Gebende erschien sie, nur ein Goldreif zierte ihr goldenes Haupt. Anmutig geformt waren die Lenden, die Hüften, der ganze Leib. Reizvoll gerafft, zeigten die Ärmel des Gewandes ihre schlanken Arme und ihre Hände, die weißer waren als Weißdornblüten im Geäst. Was sollte ich mehr von ihrer Schönheit sagen, warum weiter in Einzelheiten gehen? Nur eines noch: Suchte man das Rund der Erde ab, fände sich darin kein Wesen, das so lieblich, feingebildet, edelmütig ist wie sie.

Auf der Hand trug sie einen Sperber; der hatte sich bereits dreimal gemausert und war ihr gar teuer. Schon von weitem hatte Guinglain sie genau erkannt. Gleich nahm er da Helm und Mundschutz ab, kam heran, grüßte sie und sagte: «Herrin, ich möchte mit Euch sprechen, mein Innerstes möchte ich Euch zeigen. Kommt doch ein Stück beiseite!» – «Gott sei bei uns!» erwiderte die Dame. Er begab sich an ihre rechte Seite, denn jetzt will er sein Herz ausschütten.

Und so bittet er: «Herrin, hört mich an! Froh bin ich, daß ich Euch sehe, denn ich sterbe Euretwegen, es muß heraus! Verzeihung, Herrin, will ich erflehen. Bei Gott, habt Mitleid mit mir! Lindert meine Pein und seid nicht böse, wenn ich Euch alles gestehe! Ich muß Euch die Wahrheit bekennen, ganz offen, die Liebe zwingt mich dazu. Ich schäme mich, doch das hilft mir nichts. Die Liebe quält und bedrängt mich; nach Lust und Laune treibt sie mich um. Seid versichert, Herrin, selbst wenn mir Gefangenschaft drohte oder Tod durch Verbrennen, Erhängen, Erschlagen – ich könnte nicht schweigen. Nun liegt es bei Euch, mir zu vergeben, denn ganz und gar, auf Sein oder Nichtsein, stehe ich im Bann Eurer Macht.» – «Und wer seid Ihr?» fragt da die Dame. – «Mit Leib und Seele der Eure, seit dem allerersten Blick und seit ich von Euch schied.» – «Ich soll Euch schon einmal begegnet sein? Wo denn das?» – «Erst vor kurzem, Herrin, habt Ihr mich doch aufgenommen, dort drinnen in der Halle; ich war unterwegs, einer Dame zu Hilfe zu eilen, der Tochter des Königs Gringras; da habt Ihr mir Euer Land versprochen, holde Herrin, ich lüge nicht. Ich Narr aber, ich habe Euch verlassen, ich wollte nur weiter, um die Dame zu retten. Seither plagt mich die Liebe zu Euch; fest eingeschlossen, steckt sie mir tief im Herzen; Ruhe fand ich nimmermehr.»

«Wie?» ruft da die Dame, «seid Ihr etwa der, der sich ohne Abschied einfach fortgestohlen hat und mich so aufs ärgste mißachtet, ja, mich und meine ganze Sippe schwer beleidigt hat? Und ich hatte Euch doch höchste Ehre zuteil werden lassen, mich, meine Liebe und mein Land in Eure Hand gelegt! Ihr habt sehr falsch gehandelt, niederträchtig war Euer Tun und vermessen. Bildet Euch bloß nicht ein, das sei ein Scherz! Für die Schmach, die Ihr mir angetan, hätte ich mich schon längst übel und grausam an Euch gerächt, aber ich habe Euch ja früher einmal geliebt. Ja, Ihr habt Euch wahrlich abscheulich betragen, und deshalb seid Ihr in Lebensgefahr. Ich verfüge hier in diesem Land über etliche Grafen, über Herzöge, Fürsten und Vasallen; auf der Stelle hätten die Euch getötet, Recht hin oder her, wenn sie gewußt hätten, wer Ihr seid. Was für ein törichter Einfall von Euch, so ohne weiteres hierher zurückzukehren und mit mir zu reden! Ich habe Euch einmal innig geliebt, daran erinnere ich mich noch gut, und das hält mich auch davon ab, Euch Schimpf anzutun. Jene Liebe von einst geht mir nicht aus dem Sinn, denn Euch liebte ich mehr als alles sonst auf der Welt. Wäre es anders, so nähme ich Rache an Euch, nur darum will ich nicht, daß Ihr sterbt. Doch das eine merkt Euch genau: einfangen könnt Ihr mich nicht mehr! Niemals wieder werde ich Euch betört in Liebe verfallen sein.»

Als Guinglain sie so sprechen hörte, da wurde sein anmutiges und strahlendes Antlitz plötzlich ganz bleich und fahl. Schwach fühlte er sich, zutiefst getroffen war er. «So steht es also, Herrin?» fragte er sie bang. «Ihr wollt Euch meiner nicht erbarmen? Das bedeutet unweigerlich den Tod für mich; bald wird es mit mir zu Ende gehen, ich sehe es genau, ja, ich bin verloren. Die Liebe zu Euch hat mir den Tod gebracht, und die Schuld daran trifft Euch. So will ich denn in diesem Land hier aus dem Leben scheiden, weil es kein Entrinnen gibt, nicht den Schimmer einer Hoffnung. Ich sehe es schon deutlich vor mir, hier werde ich sterben um Euretwillen. In diesem Land soll es sein, so heiß begehrt Euch mein Blick. Wer mich tötet, meine Schöne, ist mir nun völlig einerlei, denn Euretwegen ist mir das Leben eine Last.»

Unter solchem Gespräch kamen sie schließlich zur Burg. Vor ihrer Halle saß die Dame ab mitsamt dem Gefolge aus Rittern und Fräulein; einige von denen waren sehr hübsch. Die Ritter aber begaben sich in ihr Quartier.

Vor der Feste draußen bleibt nur Guinglain, verstört, schwach und kraftlos; kein Mensch spricht auch nur ein Wort mit ihm. Wahnwitziger Jammer umfängt ihn; was soll er sagen, was soll er tun? Er weiß es nicht. Irgendwo macht er halt und klagt: «Robert, was tun wir jetzt? Wir sind zu einer Stätte des Unheils gelangt, und nun ist guter Rat teuer. Geh und such eine Unterkunft, wir wollen Herberge nehmen!» – «Hört!» antwortet ihm der Knappe. «Es gibt hier in der Stadt ein ausgezeichnetes Quartier, dort unten in jener Straße. Das letzte Mal waren da die Pferde untergebracht. Der Wirt ist ein zuvorkommender und anstelliger Mann; alles Nötige werden wir bei dem erhalten.» – «Gut, also auf!» erklärt Guinglain.

Zu nächtlicher Stunde kamen sie in der Herberge an, und man empfing sie dort freundlich. Der Wirt hatte Robert gleich wiedererkannt, und so nahm er ihn mit großer Herzlichkeit bei sich auf. Für die Nacht bekam der Ritter eine gute Unterkunft, doch nichts konnte ihn erfreuen: sein Herz war in den Banden der Liebe gefangen und darum nurmehr voll Ach und Weh. Er ruft seinen Knappen herbei und klagt ihm sein Leid: «Was, Robert, soll ich Armer nur tun? Bald schon wirst du mich verlieren; die Liebe bringt mir den Tod.» Der will nun sogleich Genaueres wissen: «Was hat Eure Liebste denn gesagt, als Ihr sie gesehen habt?» – «Mir bleibt nur der Tod, sonst nichts, das ist gewiß:

nicht einmal den Schimmer einer Hoffnung hat sie mir gelassen. Nein, im Gegenteil, ihre Worte waren unmißverständlich: Schimpf und Schande täte sie mir an, wäre da nicht die Liebe, die ihr Herz einstmals für mich empfand; die gehe ihr nicht aus dem Sinn, so gestand sie, und darum halte sie an sich.» – «Habt keine Furcht, Herr! Diese Antwort ist doch nicht schlecht; sie hat zugegeben, daß sie Euch einmal geliebt hat, und das bedeutet: jene Liebe ist noch da. Ich bin erleichtert, denn sie hat ja gesagt, Euch allein habe ihr Herz einstmals gehört. Das läßt Gutes ahnen. Also bloß keine Angst! Mir jedenfalls scheint ihre Antwort erfreulich. Könnte ich nur mit ihr reden, dann würde Euch alles verziehen.»

So leidet Guinglain denn lange Zeit still in Hangen und Bangen, doch auch voller Hoffnung, noch einmal mit der Liebsten zu sprechen. Aber was er begehrt, wird mitnichten gewährt, denn es ist ihm verwehrt, sie zu sehen, ganz gleich, was er auch tut. Sein bißchen Hab und Gut verbraucht er dabei. Von dem, was er hat, gibt er jedermann, den er trifft, etwas ab, wenn der es nur nehmen will. Ausgeben, Borgen, Tauschen und Schenken heißt es für ihn, und schließlich hat er gar nichts mehr. Endlose vierzehn Tage wartet er so, und am Ende steht er ohne alles da.

Die Liebe hat ihn ganz und gar in der Gewalt; er kann nicht essen, er kann nicht schlafen. In einen Hafen des Unheils ist er nun gelangt. Die Liebe quält ihn mit harter Knute. Sie gängelt ihn, wie's ihr gefällt. Er weiß sich keinen Rat, wie er mit der Liebsten sprechen könnte. Um ihretwillen und ob der Qual, die sie ihm bereitet, klagt er Tag und Nacht. Die Liebe läßt ihn keine Ruhe finden, in Grübelei versinkt sein Herz. Er ißt nicht mehr, er schläft nicht mehr. Nach Lust und Laune treibt ihn die Liebe um. In tiefster Verzweiflung liegt er darnieder, Todesahnungen fesseln ihn ans Bett. Er zittert und bebt, er stöhnt und seufzt, denn er leidet Höllenpein. Er wälzt sich hin, er wälzt sich her; bald reckt er sich, bald dreht er sich auf den Bauch, wieder und wieder. In ihm tobt das Feuer der Liebe; was für ein grimmer Feind das ist, das habe ich bei der erfahren, die ich liebe.

Seit dem ersten Blick auf ihr liebliches Antlitz schied mein Herz nie mehr von ihr.

Nein, um nichts auf der Welt kann es sich lösen. Sie läßt mich tausend Tode sterben, ich aber liebe sie mehr als irgend etwas sonst. Mein einziges Vergehen ist, daß ich sie treulich liebe. Nur das allein gibt ihr die Macht, mir weh zu tun, denn mein Herz, das sie allezeit vor sich sieht, will keine Freiheit.

Doch nun hört weiter von Guinglain, der vor Liebesschmerz vergeht. Robert wird blaß, als er ihn anschaut. Fahl ist er ja und bleich, und daran kann er klar erkennen, daß die Liebe ihn gar zu arg quält, und das versetzt ihn in Angst und Sorge. Augenblicklich geht er zu ihm hin. Guinglain liegt da, von Krankheit gezeichnet, ganz schwach und siech. Da versucht der Knappe, ihn zu trösten.

An den Pforten der Wonne

Nach Roberts ermunternden Worten trat plötzlich ein wohlgesittetes Mädchen ein, das reich an Vorzügen war. Es trug einen Mantel aus Orientseide mit Buntwerk darunter. Gar hübsch war dieses Fräulein. Es brachte ein Gewand herbei. Äußerst prachtvoll war das, und es bestand aus zwei Hälften in unterschiedlichem Stoff, aus Purpur in einem dunklen Blau und aus herrlichstem Damast. Zweigeteilt war auch der kostbare Besatz jenes Mantels in erlesenes Buntwerk aus Ungarn und in guten, feinen Hermelinpelz. Der zierte den wertvollen Purpur, das Buntwerk aber den Damast. Gesäumt war der Mantel mit teurem Zobel, und sein Stoff war makellos gewebt. Zwei schönere Stoffe als die jenes Gewandes werdet Ihr vergeblich suchen; beide paßten vorzüglich zusammen.

Als Guinglain das Fräulein sah, hob er gleich den Kopf und grüßte, und sie erwiderte ihm: «Der allmächtige König des Himmels möge Euch gewähren, was Euer Herz ersehnt und wofür es sich in Gram verzehrt! Meine Herrin läßt Euch grüßen, Herr, jene, die Ihr zur Geliebten wollt. Sie gebietet über diese Stadt, und so schön wie sie ist keine unter Hunderttausenden. Sie schickt Euch diesen Mantel hier und bittet Euch, sie zu besuchen, auf jeden Fall und unbedingt, sobald Ihr genesen seid.» Guinglain war außer sich vor Freude ob dieser Botschaft, und so beteuerte er: «Ich bin völlig wohlauf. All meine Qualen sind nun zu Ende, da ich schauen werde, wonach mich verlangt. Die Krankheit ist vorüber und hindert mich nicht mehr, da sie will, daß ich zu ihr komme. Sie will mich sehen, dafür sei Gott Lob und Preis, denn er hat es gefügt! Gesegnet seien Herrin und Botin; gelindert ist meine Pein.»

Guinglain zeigt dem Fräulein ganz offen, wie sehr er sich freut. Er zieht den Seidenmantel über, den sie ihm gebracht hat, und mit Eifer und Sorgfalt putzt er sich heraus. Der Mantel stand ihm sehr gut, doch durch das arge Herzeleid war sein Antlitz bleich geworden. Und dennoch müßte man wohl lange suchen, bis man einen Ritter fände, der so tapfer ist, so besonnen und so schmuck.

Das Mädchen faßte ihn schließlich am Mantel und sprach: «Nun laßt uns endlich zu meiner Herrin gehen! Wir vertun hier nutzlos die Zeit.» – «Mit Vergnügen», erwiderte er und folgte ihr. Und schon ging es die Straße entlang geradewegs hinauf zu der Halle. Sie schritten hindurch und traten auf der anderen Seite durch eine Tür in einen wunderbaren Garten.

Der lag in einem Ring von Mauern, die waren aus Marmor meisterlich und überaus kunstvoll erbaut. Alle Geschöpfe des Herrn, die der Erdkreis birgt, waren darauf als Relief hübsch und deutlich abgebildet. Ringsum gab es überall Fenster mit silbernen Rahmen, durch welche die wärmende Sonne drang. Einen solchen Garten, so reizend und lieblich, so prächtig und herrlich, hatte kein Mensch je gesehen. Jedes Gewächs, das Gott geschaffen, konnte man da finden, wenn man den Garten durchstreifte. Da gab es Lorbeer-, Feigen- und Mandelbäume zuhauf, Sykomoren und Tannen, viele Palmen und Mispeln, Granatapfelbäume, Stechpalmen und eine Unmenge anderer Bäume. Es wuchsen dort Süßholz und Weihrauchhölzer und mannigfache Gewürze. Jedes gute Kraut Gottes gedieh in dem Garten; Weihrauch, Nelken, Zitwer, Zimt und Galgant, Narde, Bertram, Pfeffer und Kümmel gab es in Hülle und Fülle und Rosensträucher, die immerzu blühten. Ja, dieser Garten war reizend und herrlich. Ohne Unterlaß erfüllte Vogelsang die Luft, von Lerche und Goldammer, von Amsel und von Nachtigall und vielen anderen mehr; in einem fort ertönte ihr süßes Gezwitscher. Gewürzpflanzen und Blumen verströmten einen so köstlichen Duft, daß man dort in dem Garten vermeinte, im Paradies zu sein.

Das anmutige Fräulein ging dicht an der Seite Guinglains; so schritten die beiden zielstrebig durch den Garten und verweilten nicht, bis sie in die Nähe der Herrin gelangten; die saß da, von einem Ölbaum beschattet, im Kreis ihrer Damen und Fräulein. Dorthin lenkten die beiden ihre Schritte. Nun schaut Guinglain, wonach ihn verlangte. Als die Dame ihn nahen sieht, da erhebt sie sich vor ihm. Zehnmal und mehr ist sie schöner als Helena, die Paris um ihrer Schönheit willen entführte und raubte, zehnmal schöner auch als Isolde die Blonde, als Byblis, als Lavinia aus der Lombardei, die des Äneas Geliebte einst war, ja sogar zehnmal so schön wie die Fee Morgana; sie überstrahlte die alle wie die Sonne den Mond. Ohnegleichen war sie auf der Welt, so über alle Maßen schön und hehr.[45]

Als Guinglain endlich vor ihr stand,

grüßte er die Dame, und sie erwiderte den Gruß, danach begrüßte sie auch das Fräulein. Sie reichte ihm die bloße Hand, und auf einer grauen Seidendecke nahmen beide Platz, die Mädchen ihnen gegenüber. Aller Blicke zog er auf sich, denn er war schmuck und feingesittet. Die Dame aber spricht ihn an und fragt: «Wie ist es Euch ergangen?» – «Gut und schlecht, Herrin, geht es mir. Um Euretwillen habe ich gar Schreckliches ertragen. Gott gebe, daß die nächsten vierzehn Tage besser werden als die letzten, denn ich mußte arge Pein erdulden, und so lange, wie es Euch gefällt, wird dies Leiden noch währen.» – «Was Ihr nicht sagt, mein Lieber!» unterbricht sie ihn da. «Fällt Euch wirklich nichts Besseres ein? Worüber könntet Ihr schon Schmerz empfinden? Meinetwegen sicher nicht, das weiß ich genau. Ihr wollt mich täuschen wie neulich. Wollte ich Euch glauben, so verlöre ich Eure Liebe und darum sehr bald auch mein Leben, denn Ihr machtet Euch bestimmt wiederum davon.»

Diese Worte trieben Guinglain die Schamröte ins Gesicht, doch so sah er nur noch hübscher aus. Er war über alle Maßen schön; auf der ganzen Welt fände man in alle Ewigkeit keinen Ritter, der so vollkommen ist wie er. Klug und tapfer war er und von feiner Art. Mit größter Freundlichkeit und Artigkeit beschwor er die Dame: «Es stimmt, Herrin, ich bin einst, als ich auszog, der Dame beizustehen, ohne Abschied von Euch fortgegangen, und für diesen Fehler habt Ihr mich schwer und nach Eurem Gutdünken büßen lassen. Doch nun habt Mitleid mit mir, holde Herrin voll der Güte, denn es gibt nichts, das ich nicht für Euch täte, um Vergebung zu finden. Wahrlich, mein Herz gehört Euch, das könnt Ihr mir glauben! Die Liebe selbst wird es verbürgen, denn Euretwegen, Herrin, Geliebte, sterbe ich, wenn Ihr noch immer kein Erbarmen zeigt. Lindert meinen Schmerz mit Eurer süßen Milde, andernfalls werde ich des Todes sein.»

Da blickt sie ihn an, und er blickt zurück. Mit den Augen stehlen sie einander die Herzen. Auch die Dame liebte ihn über alle Maßen, doch wollte sie ihre Gefühle vor ihm verbergen. Innigst liebte sie ihn, aber ihr Herz, das verbarg sie. In heißer

Liebe waren sie sich zugetan, nurmehr ein Herz, eine Seele; ja, sie waren in größerer Sehnsucht nacheinander entbrannt als Tristan und Isolde. Was sollte ich weiter noch sagen? Schön und bezaubernd waren die beiden. Die Dame betrachtet sein feines Antlitz und sagt: «Mein lieber Freund, Eure Tapferkeit, Klugheit und Großzügigkeit waren für Euch kein Gewinn, denn in einem Punkt allein seid Ihr nicht vollkommen: Ihr versteht nicht zu lieben. Das war Euer Unglück, ungeachtet aller anderen Vorzüge, die Ihr besitzt. Aufrichtig will ich Euch gestehen, so wahr mir Gott die Werke, die ich in seinem Namen tue, vergelten möge: Hättet Ihr Euch darauf verstanden, so hätte ich Euch mehr geliebt als jeden sonst. Doch wie ich sehe, seid Ihr vornehm und edel, und so möchte ich Euch bitten, kommt mit hinein zu mir in die Halle! Hier oben sollt Ihr in Zukunft bleiben, das ist mein Wunsch, denn dort unten seid Ihr schon allzu lange gewesen. Hier oben zu verweilen ist viel erquicklicher, und wer weiß, vielleicht kommt es sogar noch besser.» Guinglain, der nicht falsch und nicht gemein war, erwidert da sogleich: «Ihr wollt mich wohl zum Narren halten, Herrin? Ach, könnte ich es doch nur glauben, daß Ihr es wahrhaftig ehrlich meint! Dann wäre dies für mich das höchste Glück auf Erden, hier zu weilen und nirgends sonst. Ich käme sehr, sehr gern, fürwahr, denn Freude finde ich nur hier. Herrin, sprecht Ihr wirklich die Wahrheit?» – «Ja, Herr, ich scherze nicht.» Als er das hört, dankt er der Dame. Ihre Worte entzücken ihn und erfüllen sein Herz mit Seligkeit.

Und schon lenkten sie den Schritt hin zu der herrlichen Halle der Wonne. Die Stunde für das Nachtmahl war gekommen, und so ließ man geschwind die Tische herbeibringen und das Wasser, um sich die Hände zu waschen. Dann nahmen sie zum Essen Platz. Auf die Tafel stellte man Brot und Wein, und was immer sie brauchten, das gab es dort zu jedermanns Zufriedenheit. So speisten sie genüßlich und behaglich, und als sie ihren Hunger gestillt hatten, standen sie vom Tisch auf. Die Nacht war schon weit vorgerückt, und es war Zeit, zu Bett zu gehen. Da gingen die Ritter hinab in die Stadt in ihre Quartiere. Guinglain aber war erfüllt von der Lust,

Seite an Seite mit seiner Liebsten zu sein, denn bei sich im Saal hatte die ihn behalten. War das ein Schäkern und Lachen!

Nächtlicher Spuk

Die Kammerherren richteten mitten im Saal für Guinglain ein Lager her. Gar prächtig war das und eines Königs würdig mit all der griechischen Seide daran. Als die Diener fertig waren, sprach die Herrin: «Dieses Bett da, lieber Freund, das ist für Euch; es ist eines Königs würdig. Macht mir mein Herz nun nicht noch einmal schwer und schleicht Euch nicht wie letztes Mal davon! Ich will in meiner Kammer schlafen; die Tür werde ich weit offen lassen; ja, heute nacht soll die unverschlossen sein. Doch gebt acht! Erdreistet Euch nicht, einen Fuß in die Kammer zu setzen! Ich verbiete es Euch. Euer Bett steht ganz nah bei der Tür, und dennoch müßt Ihr an Euch halten und den Drang, das Gemach zu betreten, bezwingen. Ich glaube, Ihr würdet mich erschrecken. Also laßt es, solange ich es nicht erlaube! Ich gehe jetzt; behüt' Euch Gott!» – «Auch

Euch, Herrin, möge er behüten», entgegnete Guinglain. Damit schieden die zwei voneinander.

Die Dame entschwindet in ihre Gemächer, und solange wie möglich verfolgt sie sein Blick, kein Auge läßt er von ihr. Schließlich legt er sich nieder. Vor lauter Schmerz und Zagen kann er nicht schlafen, kann er nicht ruhen. Wach muß er sich im Bette wälzen. Wieder und wieder blickt er zur Tür. Kommt sie vielleicht aus der Kammer hervor und tritt zu ihm hin an sein Lager, wie sie es letztes Mal tat? Doch nein, sie erscheint nicht; da überfällt ihn Verzweiflung. Seine Unruhe wächst, es flieht ihn der Schlaf; gebannt hängt sein Blick an der weit geöffneten Tür. Ein über das andere Mal setzt er sich auf, denn ihn treibt das Verlangen, hineinzugehen. Dann besinnt er sich wieder, mit sich selbst liegt er im Streit. «Mein Gott», ruft er, «Herr, was soll ich tun? Gehen oder bleiben? ‹Nein› hat die Herrin gesagt und meinte doch ‹ja›; aus ihrer Miene habe ich das gelesen. Wenn ich nun bleibe, so bin ich gewiß in ihren Augen ein Feigling, das muß ich befürchten. O Gott, wüßte ich doch nur, was sie will!» Wieder und wieder erhebt er sich, um zu gehen, und ebensooft hält er inne. Er will, er will nicht, und in diesem Zwiespalt bleibt er gefangen. Er hört nicht auf, im Bett zu klagen, und fortwährend wiederholt er murmelnd: «Ich werde nun gehen. Nein, mitnichten. Und ich werde es doch tun, ganz bestimmt.» Mit harter Knute quält ihn die Liebe, am Gängelband führt sie ihn.

Dann plötzlich ist der Entschluß gefaßt: er wird gehen. So quält und bedrängt ihn die Liebe. Hinaus aus dem Bett, einen Mantel übergeworfen, geht es ganz leise hin zur Kammer, kurz vor Mitternacht ist es. Er möchte hinein, da kann er die Tür nicht erreichen; er wähnt sich auf einer Planke über einem breiten und reißenden Strom; wilder als der Sturmwind tost der unter ihm dahin. Da verharrt Guinglain regungslos, denn es gibt kein Vorwärts mehr und kein Zurück, zu schmal ist das Holz. Wie gerne wäre er schon auf der anderen Seite! Er blickt hinab in das Wasser; darin schaukelt das Brett hin und her, und so kann er sich kaum mehr auf seinen Beinen halten. Es scheint ihm, er falle.

Or dist li contes q̃ quant
lanselos fu venes devāt
apres ce que lyonniaus
senfu a les il ne demoura

Oben klammert er sich fest, er hängt ganz in der Luft. Was Wunder, wenn er sich fürchtet! Unter sich sieht er die tosenden Fluten; die Arme erlahmen, er glaubt sich in Lebensgefahr. Da ruft er aus Leibeskräften: «Zu Hilfe! Zu Hilfe, ihr Herren! Um Gottes willen! Ich versinke! Rettet mich, ihr guten, wackeren Leute! Ich hänge hier an einer Planke, ich kann mich nicht länger halten. Laßt mich nicht sterben, ihr Herren!»

Durch das Geschrei fahren alle Diener in der Halle auf; sie entzünden Lichter und Kerzen und finden Guinglain an einer Sperberstange festgekrallt, in blanker Angst zu ertrinken. Seine Hände halten die Stange umklammert, er hängt ganz in der Luft. Kaum gewahrt er die Diener, da verfliegt der Zauber auch schon. Zutiefst beschämt und verstört macht er sich davon, zurück in sein Bett, und ganz ermattet sinkt er nieder voll Bitterkeit ob der schweren Schmach. Er sieht die Diener über das köstliche Schauspiel witzeln und lachen. Einem Trugbild ist er erlegen, das erkennt er jetzt wohl, doch die Scham macht ihn stumm, und so geht er still zu Bett. Auch die Diener wollen nun weiterschlafen.

Guinglain aber bleibt wach, denn die Liebe martert ihn; er kann keine Ruhe finden, die arge Pein läßt ihn verzagen, wißt das wohl! Er denkt an seine Liebe zu der Dame, und schon wandert sein Blick wieder hin zu der Kammer. «Ach Gott!» seufzt er. «Was habe ich da nur gesehen und erlebt? Das muß eine Sinnestäuschung gewesen sein. Ich weiß es genau, dort drinnen ist meine Liebste, und dieses Leiden verdanke ich ihr. Warum gehe ich nicht hin und rede mit ihr? Die Not, die mich umfängt, treibt mich doch hin zu jenem Ort, an dem ich sie weiß, mag mich das auch mein Leben kosten. Worauf warte ich Armer, ich Unglückseliger noch? Fürwahr, mein erster Anlauf ist mir bereits gar wohl bekommen: mit Schande überhäuft, bin ich abgezogen. Nein, was ich da sage, ist falsch: Das ganze Erlebnis war nur ein Traum, und der darf mich nicht daran hindern, noch einen zweiten Versuch zu wagen. Vielleicht kann ich dann mit ihr sprechen. So geht es nicht weiter.»

Immer drängender wird das Verlangen zu gehen, sein Blick bleibt auf die Kammer geheftet. Da macht ihn die Liebe kühn: er will es nun tatsächlich tun. Kaum sieht er, daß die Diener eingeschlafen sind, ist er auch schon aus dem Bett und geht schnurstracks hin zu der Kammer. Da wähnt er plötzlich das ganze Gewölbe der Halle auf seinen Schultern; gar grausam ist die Liebste zu ihm. So arges Leiden bereitet sie ihm und so schlimme Not, daß er meint, die Knochen müßten ihm brechen unter der Last dieser schweren Bürde. Das Herz will ihm zerspringen. Da schreit er, so laut er nur kann, man solle ihn retten: «Hilfe! Hilfe, ihr Herren! Gute Leute, wo seid Ihr? Die ganze Halle liegt mir auf dem Genick. Ich kann die Last nicht länger tragen. Beeilt Euch, oder ich werde zermalmt!» Unverzüglich springen die Diener auf; sie entzünden Kerzen und finden Guinglain wie im Wahnsinn, ein Kissen auf seinem Nacken; darum der ganze Tumult. Als er sie sieht, ergreift ihn Beschämung. Schnell wirft er es zu Boden, ohne ein einziges Wort und ohne Erklärung, ganz und gar stumm. Gesenkten Hauptes schleicht er davon in sein Bett; er ist ganz verwirrt und fassungslos ob der Schmach.

Die Liebe quält und martert ihn. Da bedauert er sich selbst: «Ach, ich Armer, was für ein grausames Spiel! Ich sehe es ganz deutlich, die Kammer ist nicht verschlossen, und doch kann ich nicht hineingelangen. Vielleicht wirkt hier in der Halle ein Zauber. Für alle Zeit habe ich mich zum Gespött gemacht; ja, gar übel betrogen stehe ich da. Warum nur, bei Gott, mußte ich so verwegen sein? Meine Liebste hatte mir doch streng verboten, das Gemach zu betreten. Ich aber, Verbot hin oder her, wollte hinein, und das war mein Verhängnis. Schon manch guter Plan mußte scheitern. Denken und Meinen, das trügt, nun weiß ich es endlich. Das alles verdanke ich nur meinem Herzen, denn das ist falsch und mein Feind und schafft nur Verdruß. Ein einziger Gedanke geht rastlos darin um, und der kann zu nichts Gutem führen. Zwei Demütigungen habe ich schon hingenommen, und die sind sein Werk ganz allein. Wenn ich noch weiter auf es hörte, so bescherte es mir bald die dritte. Darum gehe ich heute nacht nicht mehr dorthin, nein, da stürbe ich lieber, denn es würde nicht gelingen, das weiß ich genau. Es reicht, zweimal der Dumme zu sein, ein drittes und viertes Mal wäre einfach zuviel.» So beteuert er fest, er werde bestimmt nicht mehr gehen.

Wonne und Glück

Den Blick zur Kammertür gerichtet, sah er plötzlich ein Mädchen nahen von anmutiger Gestalt und mit einem hübschen Gesicht. Die hielt eine brennende Kerze in ihrer Rechten. Sie kam aus der Kammer und trat an das Lager Guinglains. Sanft zupft sie an der Decke und fragt: «Schlaft Ihr, Herr?» Und auf der Stelle erwidert er ihr: «Willkommen, Fräulein! Ich schlafe nicht. Doch was, bitte, wollt Ihr?» – «Ich weiß, Euch wird große Freude widerfahren. Meine Herrin schickt mich her zu Euch, denn sie möchte Euch sehen. Sie bittet Euch auf ein Wort zu sich in ihre Kammer; sie erwartet Euch dort. Lieber Herr, geht und redet mit ihr! Ihr seid ihr sehr teuer.» – «Träume ich, Fräulein? Ihr tischt mir doch wohl Lügen auf?» – «Aber nein, Herr!» beteuert das Mädchen. «Gar bald will ich Euch in die Arme der Schönen führen, die Euch so teuer ist. Dann werdet Ihr sehen, daß ich nicht lüge. Zur Wahrheit mache ich den Traum. Also kommt und sprecht mit der Herrin!»

Diese Kunde nun entzückt Guinglain. Hochbeglückt springt er aus dem Bett und wirft einen grauen Mantel über: er hofft ja, die Liebste nun endlich zu schauen. «Nur voran, meine Gute!» drängt er das Fräulein. «Wir vergeuden Zeit, liebe Schwester; meine edle Dame, nur nicht so langsam! Ihr macht so kleine Schritte, bitte, macht doch größere!» Nun lacht das Mädchen und ergreift seine Hand. Und schon geht es durch die Tür hinein in die Kammer. Darin umfing sie ein gar lieblicher Duft, köstlicher noch als Weihrauch, Bertram und Zimt. [...] Ja, so herrlich war der. Dort wäre alsbald jeder Kranke und Schmerzgeplagte gesundet. Kerzen brannten hell; wie das Paradies war die Kammer. Da gab es Gold und Silber in Fülle und Kostbarkeiten im Überfluß. Mit seidenen Tüchern von unermeßlichem Wert waren die Wände geschmückt. Wozu ausführlicher werden? Groß war ihre Vielfalt; es gab gestreiften Taft und Purpurgewebe in dunklem Blau, tyrischen Stoff, Brokat und Orientseide mannigfachster Art, Damast und gutes Tuch [...]. Herrschaftlich war dieses Gemach. An der Decke hingen Bahnen von schwerer Seide aus Konstantinopel, und mit vielerlei kostbaren Steinen war der Boden ganz gepflastert: Smaragde und erlesene Saphire, Chalzedon und Rubin funkelten dort in allen Farben in einem Mosaik von Blumen und Vögeln; das war meisterlich gefertigt und ganz wunderschön. Jedes Tier zu Land und zu Wasser, dessen Namen man kennt, Fisch und Drache und Vogel der Luft waren darin abgebildet. Die Dame ruhte in einem Bett; das war prächtiger als alles, was je ein Mensch erblickt hat. Ich könnte Euch genau beschreiben, wie es aussieht, ohne etwas hinzuzuerfinden; doch damit will ich mich nicht unnütz aufhalten; lieber will ich Guinglain ans Ziel seiner Wünsche bringen, denn das tut ihm not.

An der Hand geleitete ihn das Mädchen nah an das Bett und sprach höflich zur Herrin: «[...] Hier ist er nun. Gewährt ihm ein wenig von dem, wonach ihn verlangt, tut es für mich! Seid lieb und gut zu ihm!» Und gleich versicherte diese: «Ich will tun,

Fräulein, was Ihr wünscht, denn ich bin Euch in Liebe zugetan. Doch jetzt geht und laßt ihn uns!» – «So haltet ihn denn fest, ich übergebe ihn Euch!»

Da nahm ihn die Dame bei der Hand, und er legte sich an ihre Seite, glücklicher als je ein Mensch zuvor. Nun, da Guinglain in ihrem Bett ist, wird er der Wonne teilhaftig. Die Liebenden liegen beisammen, endlich vereint. Sie umarmen einander gar zärtlich. Ihrer beider Lippen verschmelzen, jeder von den beiden tut seine Schuldigkeit. Das ist ein Küssen um die Wette, und beide wollen Sieger sein. Ihre Herzen werden hell, denn die Küsse der Leidenschaft verjagen daraus den Schmerz und machen sie trunken vor Seligkeit. Die Liebe zeigt ihnen den rechten Weg. Die Blicke wollen ineinandertauchen, die Arme liebkosend den anderen umfangen; die Herzen sind voller Begehren. Der eine will dem anderen nahe sein. Der Liebe Band fügt ihr Wollen zu einem. Ich weiß nicht, ob sie ganz die Seine wurde, denn ich war nicht dabei, und so sah ich es nicht. Den Namen Jungfrau freilich verlor die Dame an ihres Liebsten Seite. In jener

Nacht wurde ihnen die lange Zeit des Wartens versüßt. Guinglain hat das, was er wollte, da er nun endlich besitzt, wonach er sich in Schmerz verzehrt hat. Ohne Scheu findet sie Gefallen an all seinen Zärtlichkeiten. Nun belohnt ihn die Liebe für die Leiden, für die Drangsal, der sie ihn preisgab.

Deshalb bin auch ich der Liebe niemals abhold, denn ihr und der Liebsten untreu werden, das fehlte noch![46] Sie kann mich irgendwann einmal gar reich belohnen, weit über mein Verdienst hinaus. Nur fest muß man sie lieben, dann wird sie vielleicht zum Born plötzlicher Lust. Wer Damen dienen möchte, der gebe nicht auf, auch wenn er eine Weile schmachtet! So groß ist nämlich der Frauen Macht, daß der Lohn, den sie geben, die lange Marter vergessen läßt. Solche Kraft verlieh ihnen Gott, er stattete sie gar reich mit allen Vorzügen aus und schmückte sie mit mannigfachen Reizen. Uns aber schuf er, so denke ich mir, damit wir sie alle ehren und tun, was sie uns weisen. Wer sich von ihnen lossagt, ist daher ein verlogener Schurke, denn alles Gute erwächst nur aus ihnen. Ja, wer sie nicht lieben will, der ist toll! Gott der Herr möge ihnen Freude schenken! Er erhöre mein Gebet! Die Lästermäuler aber, welche die Damen und die edle Liebe schmähen, die möge der Allmächtige verfluchen! Stumm soll er sie machen! An ihren Werken kann man diese Lügenbrut erkennen. Ach Gott, werde ich mich an jener, die ich so liebe, wohl jemals erfreuen?

Enthüllungen

Doch jetzt weiter mit Guinglain. Dem lachte nun das Glück: In seinen Armen hielt er die Liebste, und wieder und wieder liebkoste und küßte er sie. Beide schwelgten in Wohlgefühl. Plötzlich aber erinnert er sich an das Kissen und an die Sperberstange und seine so schreckliche Angst. Was mochte das nur gewesen sein? Er weiß es noch immer nicht. Und als er nun daran denkt, da muß er ganz einfach lachen. Das sieht die Dame, und schon fragt sie ihn: «Liebster, sagt, warum habt Ihr gelacht? Denn gelacht habt Ihr, und ich weiß nicht weshalb. Mein holder, teurer Freund, nun sagt schon! Ihr dürft nichts vor mir verbergen.» Und so erklärt er es ihr: «Wundersames ohnegleichen ist mir widerfahren, und eben darüber habe ich gelacht; es geschah heute nacht hier in der Halle. Alle waren schon eingeschlafen; nur ich lag voll Bangen [...] noch wach. Aus Liebe zu Euch zitterte ich vor Erregung, ich wälzte mich hin, ich wälzte mich her und fiel schließlich sogar aus dem Bett. So stand ich denn auf, hierher zu Euch wollte ich gehen. Doch da erlag ich einem Trugbild, vielleicht war das ein Zauberspuk; ich wollte schon hinein und befand mich ganz plötzlich auf einer Planke, unter mir ein reißendes Wasser; das toste dahin, ganz weiß vor Schaum. Ich verlor das Gleichgewicht und griff nach dem Brett; ich vermeinte zu fallen, ja, das glaubte ich felsenfest, und mich packte die blanke Angst. Ich riß alle Diener aus dem Schlaf, indem ich rief, sie sollten mir helfen und mich retten. Die aber fanden mich dann an eine Sperberstange geklammert; deswegen der ganze Tumult. Doch das war noch nicht alles, nein, es kam noch schlimmer und schrecklicher, wie ein böser Alp. Ich will Euch die Wahrheit sagen: ich habe Arges durchgemacht. Herrin, wißt Ihr, was das war? Sagt es mir, wenn Ihr es wißt! Denn in dieser Nacht war ich im Bann eines sehr starken Zaubers.»

«Ja, Liebster», gesteht ihm die Dame, «ich weiß es, und ich will Euch die Wahrheit sagen: Jene gräßliche Not, das war meine Strafe für die Schmach, die Ihr mir zugefügt habt, dafür, daß Ihr mich so ohne weiteres verlassen habt. Deshalb habe ich Euch das angetan. [...] Das soll Euch eine Lehre für die Zukunft sein. Seid nie mehr so falsch und so dumm, eine Frau zu verhöhnen, denn das macht Euch nicht froh! Wer eine Dame betrügt, dem sind Schande und Unheil gewiß. Also laßt es Euch eine Lehre sein!

Jetzt aber, mit Verlaub, will ich Euch erzählen, wie und auf welche Weise ich diese Zauberkraft erwarb: Mein Vater war ein gar mächtiger, weiser und höfischer König; ich war sein einziges Kind, und er liebte mich heiß und innig. Daher ließ er mich die sieben Künste gründlich studieren, und so erlernte ich Arithmetik und Geometrie, Nekromantie und Sternkunde und die anderen. Ich war mit ganzem Herzen bei der Sache, und bald schon verstand ich mich auf das Befragen von Sonne und Mond. Ich kann jeden Zauber wirken, weissagen und in einem Augenblick die Ereignisse eines Monats im voraus erkennen. Als Ihr neulich hierher kamt, da wußte ich von vornherein, untrüglich und mit Sicherheit, Ihr würdet nicht bleiben. Ja, ich wußte genau, daß Ihr fortziehen wolltet. [...] Mir lag nichts daran, Euch zu hindern, denn ich war überzeugt von Eurem Erfolg. Ich war mir ganz sicher, Ihr würdet die Aufgabe meistern und Euch Ruhm erwerben. Auch wußte ich in meinem Herzen genau, daß Ihr um meinetwillen bald schon zurückkommen würdet, so schnell wie nur möglich. All das sagte mir mein weiser Sinn. Doch Ihr sollt noch mehr erfahren. Schon lange währt meine Liebe zu Euch. Ich liebte Euch ja, noch bevor Ihr ein Ritter wurdet, denn ich sah deutlich, daß im Kreis um König Artus kein Recke trefflicher war bis auf einen, und das ist Euer Vater, der treue. Darum liebte ich Euch sehr. Oft habe ich Eure Mutter besucht, um Euch zu sehen, und nichts und niemand hätte mich von dort fortbringen können. Eure Mutter schenkte Euch eine Rüstung und schickte Euch zu König Artus. Sie gab Euch einen sehr guten Rat mit auf den Weg: Ihr solltet vom König die Gunst erbitten, Euch Eure erste Bitte zu erfüllen, ganz gleich, wie teuer ihn das zu stehen käme. Von Anfang an war mir Euer Abenteuer hier, ja Euer ganzes Schicksal wohlbekannt. Und so sagte mir mein weiser Sinn denn auch, daß Ihr beizeiten an den Hof gelangen würdet. Fürwahr, lieber Freund, niemand anderer als ich hieß das Mädchen mit Namen Helie zu König Artus ziehen, um Hilfe für ihre Herrin zu suchen. Ich war überzeugt, Ihr erbätet die Gunst, die Dame befreien zu dürfen. Aus lauter Liebe stand ich Euch nach Kräften bei. Niemand anderer als ich, mein Liebster, war die Stimme, die Ihr nach dem Sieg über Mabon und nach dem Schrecklichen Kuß damals gehört habt; ja, wahrhaftig, die Stimme, die Euch Euren Namen kundtat, Geliebter, war ich, denn ich wollte, daß Ihr Euch in ruhigem Schlaf des Nachts entspannen solltet. Und schließlich ließ ich noch der Herrin Erlösung im ganzen Lande verkünden. Wißt, ich wollte

Euch haben und Eure Liebste sein, und in Gedanken und Werken setzte ich alles daran, das zu erreichen. Nun seid Ihr endlich mein, und dafür sei Gott gepriesen! Wir wollen ab jetzt in Eintracht und Ruhe miteinander leben! Solange Ihr mir vertrauensvoll gehorcht, wird Euch jedweder Wunsch erfüllt, beherzigt das wohl! Denn eines muß klar sein: Ihr werdet mich verlieren, wenn Ihr mir nicht gehorcht.» – «Kein Wort mehr, Herrin!» ruft da Guinglain. «Nie und nimmer wäre ich so töricht, Euer Gebot je zu mißachten und Euch dadurch Kummer zu bereiten, nein, nicht für alle Schätze der Welt, koste es auch mein Leben!» Damit war das Gespräch zu Ende.

Früh im Morgengrauen läuteten die Glocken des Münsters. Die Ritter waren alle schon auf, auch Guinglain und die Liebste hatten sich erhoben. Die beiden gingen in die Kirche der Heiligen Maria zum Gebet; dort ließ die Dame eine Messe lesen. Danach kehrten sie zum Palas zurück, und die Herrin sandte ihre Boten ins ganze Land, um zu verkünden, jeder Herzog, Graf oder Markgraf solle am Hof zu einem Freudenfest voller Lustbarkeiten erscheinen. Endlich sei ihr der Liebste wiedergeschenkt, er, den sie so sehr vermißt habe.

Als die Edlen versammelt waren, ergriff sie das Wort: «Ihr Herren, hört mich an! Der Ritter, den Ihr hier seht, ist jener, den ich so sehnsuchtsvoll vermißte. Wer mir willig gedient hat, der diene nun mit Eifer auch ihm und sei ihm in allem zu Willen! Seine Trefflichkeit ist einzigartig auf der Welt. Gehorcht ihm, ich möchte es so!» Einmütig beteuerten da alle, sie wollten ihm als ihrem Herrn alle Ehre widerfahren lassen.

So war Guinglain mit Freuden nun Herr und hatte alles, was sein Herz begehrte.

Esmerée bei Artus

Doch nun zu Esmerée der Blonden, die aus ihrem Lande Wales an den Artushof aufgebrochen ist. Schon vier Tagereisen, vielleicht gar noch mehr, war die Königin ihres Wegs geritten. Da traf sie am Ende eines Waldes auf vier Ritter; auf Zeltern saßen die und hatten keine Streitrosse bei

Or dist li contes que cil
rainsiaus crut & multe
plia mis en terre tant
que il fu granz arbres &

sich. Ohne Schild und ohne Rüstung zogen alle vier zum Hof; auf der Hand trugen sie prachtvolle Sperber, die sich schon gemausert hatten. Als die Königin sie erreichte, grüßte sie die Gesellschaft, und die Ritter erwiderten den Gruß, ihr und dem ganzen Gefolge. Darauf fragte die Königin die vier aus: «Von wo kommt ihr, ihr Herren? Ich wüßte gern, wer Ihr seid und woher Ihr kommt, ohne mir doch mit dieser Frage etwas anmaßen zu wollen.» Da gaben sie der Dame Auskunft: «Herrin, wir sind unterwegs an den Artushof, denn das haben wir gelobt. Wir müssen uns dorthin als Gefangene begeben; wir haben versprochen, das zu tun. Jeder von uns hat es feierlich einem Ritter gelobt, der ausgezogen war, um ein Mädchen zu befreien. Schöner Unbekannter ist sein Name. Ja, der hat uns im Kampf bezwungen. Wir stammen nicht aus ein und demselben Land; erst gestern morgen haben sich unsere Wege gekreuzt, und jetzt treffen wir hier auf Euch. Woher und aus welcher Gegend kommt Ihr denn?» – «Bei Gott im Himmel, ihr Herren!» rief die Königin aus. «Wißt, ich bin wahrhaftig jene, die Euer

Ritter befreien wollte, eben der, der Euch in Gefangenschaft schickt. Mit Stärke, Tapferkeit und ritterlichem Sinn hat er mich errettet. Ja, das ist ein wackerer Held, verläßlich und hart und fest im Kampf. Doch Ihr nennt ihn bei einem falschen Namen; sein Taufname, der lautet Guinglain; sein Vater ist der wackere Gauvain. Er hieß mich an den Hof ziehen. Ich soll König Artus für meine Rettung danken, denn der, so sagt er, habe ihn ausgeschickt. Und so will er ihm als seinem Herrn dafür Ehre widerfahren lassen. Auch er wird zum Hof kommen, wenn Gott ihn vor Schaden bewahrt. Er ist verschwunden, ich weiß nicht wohin. Ich bin froh, Euch begegnet zu sein. Reiten wir doch gemeinsam zum Hof! Ihr seid Männer von Ehre, so scheint mir.» Und jene versicherten ihr: «Euren Wünschen, Herrin, wollen wir uns in allem fügen.»

Daraufhin brachen sie auf. Die Königin war hocherfreut, die Gefangenen getroffen zu haben. Ihre Namen will ich Euch ganz genau nennen: Der erste war Bliobl̈ieris, und der war wacker und wohlgesittet; der zweite war der Herr von Saies;

auch den Namen des dritten weiß ich Euch wohl zu nennen: das war der Stolze von der Heide, der schon manchen Ritter bezwungen hatte; der vierte war Girflet, Dos Sohn. Alle vier waren gar treffliche Rekken. Über eine weite Ebene trug sie ihr Ritt geradewegs nach Britannien, immer weiter bis nach London. Dort fanden sie den König, wie man es ihnen verheißen hatte. Noch vor ihrer Ankunft hatte die Königin Diener vorausgeschickt; die suchten dort wohlausgestattete, gute Quartiere, und einer von ihnen kam dann, die anderen zu holen.

Seht, schon sitzen sie alle ab, die Herrin, die Ritter und ihre Leute. Die Königin zieht sich in eine Kammer zurück mit vielen Teppichen an der Wand. Dort läßt sie sich in ein teures Gewand aus dem Morgenland kleiden. Das war gar prächtig und kostbar, denn es zeigte jedes wilde Tier auf der Welt, im Wasser oder in Wald und Flur, Krokodil, Leopard, Löwe, geflügelte Schlange und Drache, Riesenadler und Greif, Papagei und Zaubervogel, abgebildet in lauterem Gold. Ja, es war meisterlich gefertigt. Der Besatz des Mantels war aus feinem Zobel und sehr vornehm, und Traumfisch schmückte seinen Saum. Das ist ein Tier der See, das wunderbarste Geschöpf des Herrn; es verströmt einen Duft, der ist lieblicher als Zimt, und es nährt sich von einer Wurzel am Ufer des Meers. Gar groß ist seine Heilkraft: Wer es bei sich trägt, dem vermag Gift überhaupt nichts mehr anzuhaben, mag er auch morgens und abends noch soviel davon trinken. Ich kann gar nicht in Worte fassen, welche Macht ihm eigen ist. Um die Taille hatte das Fräulein einen seidenen Gürtel hübsch geschlungen, der war ganz mit Gold bestickt. So stand sie nun da, schön und bezaubernd. Suchte man die ganze Erde ab, so fände man doch nirgends ihresgleichen. Sie verstand es, klug und mit artigen Worten zu sprechen. Ja, sie war viermal so schön wie jede andere Frau aus Fleisch und Blut.

Endlich war die Königin schön geputzt, und die Edlen waren gleichfalls bereit, und so lenkten sie denn ihre Schritte zum Hof. In seiner Halle, inmitten tapferer Ritter, vieler Könige, Herzöge und Grafen fand sie den König. Als sie den Saal betrat, erhob er sich gleich vor ihr, und sie grüßte ihn mit einer Verneigung, sobald sie ihn sah. Da standen auch die Edlen alle auf und tauschten den Gruß mit denen, die kamen. Der König aber nahm die Hand der Königin und setzte sie an seine Seite. Jeder nahm nun Platz, und es kehrte Stille ein. Die Dame aber spricht zum König: «Herr, schenk mir Gehör! Ich bin die Tochter des Königs Gringras. Zu mir hast du einen Ritter gesandt mit dem Namen Schöner Unbekannter. So haben ihn die Bretonen genannt, aber das war falsch. Sein richtiger Name lautet Guinglain. Er ist der Sohn des edlen Herrn Gauvain mit der Fee Blanchemal. Du hast ihn in mein Land geschickt, damit er mir helfe und mich rette. Er ist ein ganz trefflicher Ritter und hat mich aus arger Qual erlöst. Herr, ich danke Euch gar sehr, daß Ihr ihn an der Seite meiner Zofe zu mir schicktet. Damit habt Ihr mich für alle Zeit gewonnen. Unverzüglich und ohne Bedingungen sollt Ihr jeden Tribut erhalten, den Ihr in meinem Lande erheben wollt, und dieses Land, über das ich Königin bin, ist Wales. Doch nun, König von edlem Geblüt, habe ich einen

Wunsch: Gebt mir Guinglain zum Gemahl, und er wird ein gekrönter König! Ich und all meine Edlen bitten darum. Herr, verwehrt mir diese Gunst nicht! In Wales schied er von mir, und seither, Herr, habe ich ihn nicht mehr gesehen. Er wird auch hier erscheinen, doch wann, weiß ich nicht. Lange läßt er auf sich warten, und das ängstigt mich gar sehr. Vielleicht bleibt er in einem anderen Land und hat seine Meinung geändert, oder es hält ihn ein Krieg irgendwo fest, in dem er Ruhm zu erringen hofft.»

Hochbeglückt ob ihrer Worte, umarmt der König die Dame. Gleich ruft er Gauvain und all seine Recken. Er will ihnen die Neuigkeit künden, die sie ihm bringt. Auch der freut sich gar sehr: Guinglain ist sein Sohn, das weiß er wohl, und die Fee, ja, die hat er einst geliebt. Die übrigen Ritter aber freuen sich mit.

Just in diesem Augenblick erscheinen die Gefangenen, die den Weg der Herrin gekreuzt und sich ihr angeschlossen haben. Nun überantworten sie sich dem König, wie Guinglain es befohlen hat. Fürwahr, da wird der Jubel noch lauter. Doch auch

Bedauern mischt sich darein, denn es fehlt der Held. Artus, Gauvain, der ganze Hof sind zutiefst betrübt darüber und fürchten schon bang, er werde niemals mehr zurückkehren.

Als erster spricht nun Amangon: «Ihr habt recht, Herr: Wenn man einen solchen Ritter verlöre, so wäre das in der Tat ein schreckliches Unglück. Hört, was ich dazu denke; ich will Euch nach bestem Wissen und Gewissen raten. Guinglain liebt den Kampf; also veranstaltet ein Turnier, und das in allernächster Zeit! Es wird ihn verlocken zu kommen, sobald er davon hört, dessen seid versichert! Um keinen Preis wird er das Turnier versäumen wollen, wenn die Kunde davon zu ihm dringt. So lautet mein Vorschlag, und ich meine es gut. Die Dame aber, die gebt ihm bei diesem Anlaß zur Frau! Auch das empfehle ich Euch, denn ihr Reich ist sehr groß, und daher wird er gar mächtig sein. Einst habe ich selbst einmal an einem Turnier in jenem Lande teilgenommen; ich geriet in Gefangenschaft, doch Gringras schenkte mir die Freiheit ganz ohne Lösegeld. Das Turnier soll bis ins Grenzland ausgerufen werden, und die Dame soll bis zu seinem Ende als Gast bei Euch verweilen. Die vier Gefangenen schließlich behaltet hier in unserem Kreis!»

Der König billigte den Rat, und auch die übrigen waren einverstanden: einstimmig waren alle dafür. Darauf kehrten sie zu den anderen Rittern zurück, und Artus rief seinen Hof dazu auf, das Turnier nun auszurichten, mit der Losung, jeder habe sich zur Verfügung zu halten. Als Ort bestimmte man die herrlichen Ebenen zwischen der Jungfrauenburg und Valedon. Als erster tritt Tristan vor. Er übernimmt die Vorbereitung auf der Seite von Valedon. Der König von Montescler meldet sich für die Vorbereitung auf der anderen Seite. Als letztes legt man noch den Zeitpunkt fest: in einem Monat soll es sein. Danach entfernt sich der König und sendet sogleich seine Boten durchs Land; ausrufen sollen die das Turnier bis an die Grenzen des Reiches.

Die Dame lädt er ein, als Gast bei ihm zu bleiben, und sie erfüllt ihm diesen Wunsch. Die vier gefangenen Ritter aber behält er als Waffengefährten bei sich.

Verstoßung aus dem Paradies

Guinglain war mit der Liebsten vereint, und die war ihm voll Demut zu Willen. Er war auf der Goldenen Insel und hatte dort alles, was er nur wollte. Wenn ihn die Lust dazu überkam und es ihm in der Burg zu langweilig wurde, ging er hinaus in die Wälder und vergnügte sich auf der Pirsch beim Treffen und Erlegen des Wildes, oder er machte Jagd auf die Vögel am Wasser. Alles, was ihm gefiel, alle Freuden, die er haben wollte, bekam er von der Geliebten. Jeder Wunsch war erfüllt, noch bevor Guinglain ihn verspürte.

Eines Tages weilte er in seiner Halle. Seht, da erscheint ein Spielmann mit neuer Kunde: Bei der Jungfrauenburg finde ein Turnier statt, und das werde ein gar gewaltiges Ereignis. Als Guinglain das hörte, da freute er sich, und gleich kam ihm der Gedanke, auch zu dem Turnier zu ziehen. So ging er, um mit der Liebsten darüber zu reden, denn sie sollte ihn gehen lassen. Die hörte ihn an und wurde sehr traurig. «Geliebter», sprach sie, «das dürft Ihr nicht tun. Ihr werdet nicht zu dem Turnier ausreiten!

Das erlaube ich nicht. Nein, ich verbiete es Euch. Durch meine Kunst und die Deutung der Sterne weiß ich eines genau: Wenn Ihr hinzieht, so habt Ihr mich für immer verloren, denn dort wartet eine Dame auf Euch, und mit der will Artus Euch vermählen.» – «Genug, Herrin!» rief da Guinglain. «Bei allen Heiligen der Welt, nur Euch alleine nähme ich zu meiner Frau, sonst keine; nie und nimmer würde ich Euch untreu. Herrin, bitte, gestattet es mir! Im Nu bin ich zurück, ganz bestimmt. In aller Frühe müßte ich los, wenn es Euch recht ist, denn bräche ich nicht beizeiten auf, so käme ich nicht zu dem Turnier.» Da entgegnete die Dame: «Mein teurer Freund, ich sehe, Ihr seid fest entschlossen, dorthin zu gehen; ich bin dagegen. Doch das ist gewiß, so groß ist Eure Liebe zu mir nicht, meine Bitte vermag Euch ja nicht abzuhalten. Mehr kann ich leider nicht tun. Nun wird sich Eure Treue bald erweisen.»

Nichts konnte Guinglain noch hindern, da er gedachte, baldigst zurückzukehren. Er hatte große Lust auf das Turnier, er war in der Tat ganz begierig darauf, denn schon seit langem hatte er nicht mehr gekämpft. Das aber war sein Herzenswunsch, und der allein zählte für ihn; unvergleichlich war dieser Leichtsinn. Er ruft seinen Knappen herbei und befiehlt ihm, die Brünne blank zu putzen, alles Nötige vorzubereiten und darauf eingestellt zu sein, ganz früh am Morgen aufzustehen; dann heiße es gleich geschwind die Pferde satteln. Robert ist über die Neuigkeit beglückt und richtet die ganze Ausrüstung her, so wie Guinglain ihn geheißen hat.

Der Tag vergeht, die Nacht zieht auf. Guinglain legt sich an seines Liebchens Seite. Die ganze Nacht lag er bei ihr, und sie genossen die Freuden der Liebe. Doch er will ja ganz früh aus dem Bett und zu Pferd, und so schläft er neben der Liebsten ein: sein Herz ist ihr schon untreu. Wer Gutes kennt und Böses wählt, der ist ein Tor, der sich selber quält.

Am Morgen erwachte Guinglain; doch wie groß war sein Erstaunen, als er sich umsah! Er befand sich in einem Wald, sein Gepäck war neben ihm, sein Haupt ruhte auf dem Schild, vor ihm stand angebunden sein Pferd, und Robert lag zu seinen Füßen, den Kopf auf einen Baumstamm gebettet, und hielt sein Roß beim Zügel. Jetzt tut Hilfe not: jede Sünde hat ihre Buße. Der eine sieht den anderen, und da sind sie fassungslos. Klar muß Guinglain erkennen, sein Glück, das hat er verwirkt. Beide schauen einander an, und Guinglain fragt seinen Knappen: «Robert, was sagst du dazu? Haben wir etwa hier die Nacht verbracht? Aber ich legte mich doch gestern abend noch in einen prachtvollen Pfühl an meiner Liebsten Seite. Und nun bin ich mitten im Wald, verschreckt und verwirrt. Und du, bist du gestern abend hierher gegangen?» – «Nein, bestimmt nicht!» beteuert da Robert. «Ich bin gestern abend in meinem Bett eingeschlafen. Und nun habe ich mich hier wiedergefunden.» – «Oh, Robert, was für ein arges Verhängnis! Gar schlecht habe ich die Liebste gehütet. Noch gestern nacht hatte sie mich gewarnt: zu dem Turnier gehen bedeute für mich, sie zu verlieren. Und jetzt habe ich sie wirklich verloren, und schuld daran ist mein törichter Leichtsinn. Ach, ich Armer, was für ein schreckliches Unglück! Der Schmerz wird nun für alle Zeiten mein Begleiter sein.» Aber Robert ermutigt seinen Herrn: «Ändern, Herr, können wir nichts. Also gilt es, zu Ende zu bringen, was wir nun einmal begonnen haben. Vielleicht hält der Zufall noch eine glückliche Wendung für uns bereit. Jetzt heißt es, nicht zagen!» – «Dann also vorwärts!» erwiderte Guinglain. Er legte seine Sporen an, der Knappe verstaute die Brünne, und er schwang sich aufs Pferd.

Unverwandt folgten sie ihrem Pfad, bis sie schließlich einen Pilger trafen, der wies ihnen den besten Weg zu dem Turnier. In arger Seelenqual ritt Guinglain dahin voll Herzeleid, Kummer und Harm, denn er hatte die Liebste verloren und wußte nicht, was aus ihr geworden war.

Das Turnier

Durch Feld und Wald ging ihr Ritt, über Heide, durch Täler und Flüsse entlang, tagelang durch viele Gegenden immerzu weiter geradewegs bis zur Jungfrauenburg. Als sie die endlich erreichten, da waren die Ritter schon alle draußen beim Turnier[47].

Guinglain wollte keine Zeit vertun, und so ritt auch er hinaus zu den anderen. Die Ritter waren just dabei, die Kettenhosen überzustreifen und mit Riemen zuzuschnüren. Alles, was im Ritterstand Rang und Namen hatte, war da: Yvain, der König von Lindezie, war mit hundertvierzig Mannen vertreten, die Helme schon fest auf dem Kopf, die Brünnen schon übergezogen. Aus Schottland war König Anguisel angereist: der wappnete sich unter zwei stattlichen Bäumen und hatte einhundertvierzig Leute bei sich in seinem Trupp. König Hoël aus Gohenet kam auf schnellem Pferd daher in der Begleitung von einhundert Rittern in trefflicher Rüstung hoch zu Roß. Auch der König von Baradigan, der Canaan heißt, befand sich gewappnet dort auf dem Feld, in Begleitung von achtzig Kämpen. Mit einhundertachtzig Mann war König Ban von Gomoret ausgerückt, und der König der Roten Stadt hatte hundert Recken mitgebracht. König Guivret war mit den Irländern da, und Geldras, der König von Dublin, kam mit einer gar mächtigen Schar von vierhundert Leuten: das waren seine Vasallen.

Auch der Häßliche Kühne aus Cornwall fehlte dort wahrlich nicht; der brachte hundert wohlgerüstete Ritter mit. Kahadinst, der Herzog von Lamprebois, war gekommen, und auch der Rotschopf aus Montescler war zugegen; er zurrte den Helm fest; herrlich war der und glänzend, und oben darauf war sein Zeichen. Er führte siebenhundert Ritter an, denn so hatte er es gelobt. Perceval der Waliser war dort erschienen, ein gar tapferer Mann von höfischer Art. In einem prächtigen Waffenkleid zeigte sich der Ritter von Baladingan; der wollte gegen den Rotschopf aus Montescler kämpfen. Im Schatten einer Hagebuche legte Lancelot vom See seine Rüstung an. Auch Herzog Elias nahm teil; in seinem Haar war schon Grau, doch er kämpfte noch wacker, und in Fragen des Rechts war sein Urteil sehr gut. Mit einer vielköpfigen Begleiterschar hatte sich jener vom Hohen Berge dort eingefunden, und der Graf von Truerem erschien gerüstet auf einem Roß mit langer Mähne; das war der beste Recke, den man nennen kann, und er war Herr über die Schwarze Insel. Neben einem Dornbusch machte sich Grahelens vom Kleinen Pförtchen bereit und neben ihm sein Bruder Guingamor; in herzlicher Liebe waren die zwei einander zugetan. Raidurains, der an Vorzügen reich war, hatte sich schon fertig gerüstet, ebenso wie Yder auf seinem eisengepanzerten Pferd; an seiner Seite war Gandelus: gar treffliche Streiter waren das. Gornemant de Gohort hatte sich dorthin begeben, desgleichen Meliant de Lis, jeder umringt von einer unüberschaubaren Schar. Eine wunderbare Mannschaft war da beisammen.

Die Gegenpartei der Bretonen mit Artus und seinen Edlen stand bei Valedon. Auch er verfügte über eine gewaltige Schar, den Wimpeln nach mehr als zweitausend. Darunter befand sich Gaudin, der König von Irland, ein sehr höfischer Mann, mit fünfhundert Rittern, die ihm lehenspflichtig waren. Auch König Marc aus Cornwall war dort mit einem Kampftrupp von siebenhundert Mann; das waren gar schmucke Ritter von Ehre, die sich zu wehren wußten. König Amangon war mit tausend Leuten vertreten und Bruians, der König der Inseln, mit fünfhundert der be-

OR dist li contes q̄ quāt
li rois artus sefu partis
de bedingram entre lui
& les .ii. rois & lor cōpaings

sten Recken in Rüstung auf Fuchs, Falbem und Schecken. Der war mutig wie ein Leopard, jedoch geizig. König Yder dagegen schenkte allen, ohne zu zögern; er war nur ärmlich ausgestattet, doch freigebig zu jedermann. Einhundertsechzig Kämpen waren unter seinem Banner vereint, und die wußten ihre Stöße und Hiebe wohl zu führen. Königin Esmerée die Blonde war durch hundert Ritter vertreten; die hatte sie aus ihrem Lande mitgebracht und nun unter Lanparts Führung zu dem Turnier entsandt mit dem Auftrag, sich auszuzeichnen. Gauvain war zugegen, Artus' Neffe, und das war der beste Ritter, den man je gesehen hatte. Es fehlten nicht König Mordred, nicht Segurés, der sein Bruder war, und zur Rechten von Gauvain befand sich Gunes, der aus Oïrecestre war. Der mächtige Herzog von Nordwales war genauso gekommen wie Erec aus dem Osten von Wales, desgleichen Bedoier aus der Normandie mit einer schmucken Schar. Der reiche Herzog Flores hatte dreiundsechzig Franzosen um sich versammelt. An einem Bach wappnete sich Hoël aus Nantes; Careheuls und Tor, der Sohn von König Arés, waren damit schon fertig. Tristan, der für dieses Turnier verantwortlich war, stand waffenstarrend zu Taten bereit, den Ärmel der Liebsten auf seiner Brünne: die schöne Isolde hatte ihm den geschickt. Zum Treffen schwang er sich aufs Pferd, die übrigen folgten, ein unüberschaubares Heer. Libnus, ein Ritter der Tafelrunde, war an der Seite von König Artus.

Als nun die Edlen in voller Rüstung das Feld unter Valedon bedeckten, war das ein einzigartiger Anblick. Weithin blitzten da die Helme, unzählige Banner wehten im Wind, es drängten sich die Rosse, Schecken und Falben, [...] die Schilde glänzten, Wimpel flatterten allüberall, eine Fülle von Wappen zierte die Helme, allenthalben gab es blinkende Brünnen und Lanzen, bemalt mit Gold und Azur, ein Wogen und Rauschen von roter Orientseide, von Fähnlein und Ärmeln, blanke Schwerter in Menge, und weithin wogte die Schar der wackeren, ruhmreichen Ritter, der vielen Könige, all der Grafen und Markgrafen: eine einmalige Gesellschaft war dort vereint. Ein herrlicher Tag lag über dem Land, und lang und breit erstreckte sich der Kampfplatz.

Seht, schon sprengt durch das Tal der Rotschopf von Montescler gegen Tristan mit zwanzig Recken in seinem Gefolge: das ist die Eröffnung des Lanzenstechens. Doch schaut, dort prescht auch Tristan heran, um den Hals seinen Schild, in der Faust seine Lanze, hinter sich seine stattliche Mannschaft. Kaum gewahrt der eine den anderen, decken sie sich mit den Schilden, die an ihrem Hals hängen, und spornen die Rosse. Sie rammen einander, und der Gegner trifft Tristan mit solcher Wucht, daß seine Lanze an ihm zerbricht. Doch der trifft auch, mitten auf den Buckel des Schilds, und schleudert den anderen mit der ganzen Stoßkraft seiner Waffe auf den harten Boden. Er packt das Pferd beim Zügel und zieht es zu sich heran. Jetzt stürmen die Mannen des Rotschopfs alle zusammen herbei, um ihm zu helfen. Jeder einzelne zersplittert an Tristan die Lanze. Der hält sich tapfer im Sattel, er verliert nur das Roß. Als Verstärkung und Beistand werfen sich seine Anhänger nun geschlossen gegen die des Rotschopfs von Montescler.

Schaut, da hagelt es Treffer, erzielt mit Lanze und Schwert.

Im Getümmel der Haufen tat sich der Ritter von Baladingan mit einem mutigen Streich hervor. Durch seinen Einsatz rettete er den Rotschopf; viele gingen an diesem Tag durch den Stoß seiner Lanze zu Boden. So bewährte er sich im Gefecht, da jagte ihm plötzlich im Galopp König Yder mitsamt seinen Gefährten entgegen. Er wehrte sich unverzagt, doch jene stellten ihn in einem Wiesengrund. Dort flog mancher Kämpe aus dem Sattel. Um ein Haar hätten sie den Ritter von Baladingan gepackt, aber Brus de Bralant mit seinen einhundertvierzig Mann gab ihm Deckung. Der preschte auf König Yders Leute zu; auch die stürmten vorwärts, und mit voller Wucht prallten die Gegner zusammen. Dabei ging eine Unmenge Fahnenstangen zu Bruch, allerorten wälzten sich Ritter am Boden, und sehr viele Pferde wechselten ihren Besitzer.

Doch seht nur, jetzt ist Guinglain da; der hat jenseits des Kampfgetümmels seine Rüstung angelegt. Sein Blick schweift über die Reihen der Streiter, und schon wirft er sich im Galopp dem Seneschall Keu im Angriff entgegen, denn der will mit ihm kämpfen. Dem haut er den Schild gegen den Arm, und da kippt er aus den Steigbügeln rücklings vom Roß. König Yder ist der nächste: den trifft seine Lanze vorn auf den Schild mit aller Macht; der Schild wird durchstoßen, die Lanze zerbricht. Nur den Stumpf hält er noch in der Faust; wild schlägt er damit um sich, dort, wo das Gedränge am dichtesten ist; auf jeden Helm, der sich ihm bietet, saust der zertrümmerte Schaft mit voller Wucht nieder: ins Wanken gerät der gesamte Haufen. Ein Schwenk folgt dem anderen, immer wieder befreit er sich aus dem Getümmel des Kampfes, um Anlauf zu nehmen; ja, er schafft sich überall freie Bahn.

Das war ein gar gewaltiges Turnier mit all den Herzögen, den Grafen und den Königen. An der Spitze seines Trupps stürmt König Marc heran; das ist der Herr über Cornwall. Dem wirft sich König Hoël nebst hundert Rittern geschwind zum Treffen entgegen. Mitten durch das Gewühl brechen sie eine Gasse. Da werden Schilde zerspalten und zertrümmert, und

Helme werden in Stücke gehauen. Jetzt mischt sich König Bruians ein und schickt seine Schar ins Gefecht, und dasselbe tut auch Gaudin, der edle König von Irland. Nach rechts stiebt Bruians, nach links König Gaudin. Die beiden nehmen den Rest in die Zange; den König Hoël kreisen sie ein und werfen ihn aus dem Sattel. Viele Gefangene werden gemacht, und hüben und drüben regnet es Hiebe und Treffer. Über Felder und Wiesen setzt man den Unterlegenen nach, die in ungeordneter Flucht das Weite suchen: heiß tobt die Schlacht.

Doch da naht im Galopp Guinglain; er hat sein Roß herumgerissen. Er schwingt die Lanze, und die sprengt und spaltet den Schild von König Gaudin. Jetzt schießt König Bruians vor; mit einem Satz fliegt sein Pferd auf Guinglain zu, der kommt ihm von der anderen Seite entgegen, so stürmen sie gegeneinander. Hart und fest sind die Lanzen. Die treffen mit Wucht: durch die Buckel der Schilde hindurch fahren die Eisen bis zu den dichten Brünnen. Die aber sind von bester Güte, und so bleiben alle Ringe daran heil. Hoch in die

Luft fliegen Splitter und Reste der Lanzen. Die Recken halten sich wacker im Sattel. Das blanke Schwert fest in der Hand, gibt Guinglain dem Pferd die Sporen. Auf Mordreds glänzenden Helm saust die königliche Klinge mit einem Hieb, der ihn betäubt. Auf den Hals des Rosses zwingt der Schlag ihn nieder; mit dem ist er fertig, er drischt schon auf einen anderen ein, von unten nach oben spaltet er ihm den Schild und zersprengt ihn. Gar grimmig wehrt er sich mit dem Schwert in der Hand. Wieder und wieder wirft er sich ins Getümmel, und das mit Erfolg: er verteidigt sich geschickt und erzielt selbst gar manchen Treffer. Und so gibt er dem Turnier am Ende eine neue Wendung. Am Fuße eines Hügels auf schönem Feld scharen sich alle Kämpen um ihn. Harte Lanzen stoßen kräftig zu, und die Schwerter verteilen heftige Hiebe: die Schlacht tobt heiß.

Auf bretonischer Seite zeichnete sich König Bruians aus. Schon hatte er den König Hoël in seiner Gewalt, da mischte sich König Cadoalens ein mit seinen dreihundert Mannen. Dem stand an der Spitze eines gewaltigen Trupps der König von

Lindezie bei. Beide stürzten sich ins Turnier, mitten in die Reihen der Streiter. Da wurde mancher Schild durchlöchert und so mancher Ritter zu Boden gestreckt; da wurde gewonnen und wurde verloren; hüben und drüben regnete es Hiebe und Treffer; viele Lanzen zerbarsten, viele Sättel leerten sich da; mit Schaft und mit Stumpf schlug man zu, und am Ende war König Hoël befreit.

Auf einer schönen Wiese neben einem Felsen waren die Haufen zum Stehen gekommen. Dort gab es nurmehr Lanzenstechen und zahllose Streiche gezückter Schwerter. Zwischen zwei Reihen von Kämpen stand Guinglain, am Hals seinen Schild, in der Faust seine Lanze, auf einem Grauschimmel, den er von einem Ritter erbeutet hatte: mit einem Lanzenstoß hatte er den zu Boden geschleudert. Da fällt sein Blick auf den tapferen Erec an der Spitze der Reihe auf seinem starken, wendigen Roß. Die Lanze auf den Sattelknauf gestützt, hält der den Schild, zum Treffen bereit. Guinglain wendet sein Pferd, das ist sein Gegner: er schwingt die Lanze, hebt den Schild und treibt dem Roß die Sporen in die Flanken. Sie jagen aufeinander los und greifen voll Ingrimm an; wuchtig ist der Angriff: durchstoßen und zerschmettert werden die Schilde, und krachend bersten die Lanzen. Die Rosse prallen zusammen, doch geschickt halten die beiden das Gleichgewicht, ohne zu wanken.

Da greift sich Guinglain eine neue Lanze; Robert hat sie ihm gebracht. Er reißt das Pferd herum und sieht auch schon König Cadoc aus dem bretonischen Lager. In gestrecktem Galopp prescht der heran, hundertvierzig Mann hinter sich; die kamen, um endlich zu kämpfen. Ein Blick, dann spornt Guinglain sein Roß: gegen alle auf einmal soll es nun gehen. Zuerst trifft er Cadoc, denn der reitet vorneweg. Mitten auf der Brust landet der Lanzenstoß mit jäher Gewalt; der Gegner muß zu Boden, da hilft nichts. Aber die Seinen stürzen sich nun in Wut geschlossen auf den einen: dem wollen sie es zeigen. Kein Ausweichen ist möglich: auf den Helm und den Schild, auf die Brünne, das Streitroß, überallhin sausen die Treffer. Guinglain zieht sein stählernes Schwert; er wehrt sich wie ein Leopard, umzingelt von der Übermacht, die wild entschlossen ist, ihn zu packen. Da hättet Ihr sehen können, wie sich ein Mann verteidigt und dabei ringsum gewaltige Hiebe verteilt! Wen er erreichte, der bekam einen solchen Schlag ab, daß ihm die Lust verging, sich noch einmal in das Getümmel zu wagen.

Schließlich aber ist Guinglain im Gedränge eingekeilt. Da schießt König Geldras heran mit seinem Trupp; einhundertundsechzig Kämpen reiten unter seinem Banner. An seiner Seite bricht Guivret sich Bahn; das ist ein mächtiger König und der Herr der Iren, und er wird von hundert ruhmreichen Recken begleitet. Zusammen werfen sich beide mitten hinein in das Gewühl, wo Guinglain in der Falle sitzt, hinterdrein in wildem Sturm ihre Ritter, zum Angriff bereit. König Amangon von der Bretonenpartei sieht sie kommen; der führt hundert Leute an. Auch König Ban von Gomoret bemerkt ihn, nebst seiner ganzen Truppe von über hundert Mann. Jetzt heißt es für jeden, hinein ins Gefecht: die beiden Könige hier sprengen gegen die dort. Das ist eine gar wilde Begegnung, die mächtigen Lanzen prallen auf die

Schilde. Hört! Krachend zerbarsten die da, Ritter zu Pferd wurden gewaltsam gepackt, und so manchen riß es zur Erde. Amangon und viele seiner Gefährten wurden dort aus dem Sattel gekippt. Platt auf dem Rücken landete König Geldras in den Binsen. Und dahin ging es nun im Galopp; die geballte Masse der Kämpen stürzte sich auf sie, und von allen Seiten kam noch Verstärkung: heiß tobte hier die Schlacht. Mit Lanzenstumpf oder Schwert schlugen sie zu. Das hättet Ihr sehen sollen, diese vielen Gefechte: um Beute, Gefangene und die guten Gascognerpferde ging es dabei. Auf einem spanischen Roß preschte Guinglain kreuz und quer über das Feld und schwenkte oft in rasendem Ritt auf die Bretonen zu: da werden die Reiter bezwungen, die Rosse erobert. Die aber hat er nicht lange, denn jedem auf seinem Weg, der sie möchte, schenkt er sie gleich, ohne daß er groß betteln und flehen muß. Die Beute, die er bei den Bretonen macht, die gibt er an die Kreuzfahrer und die Gefangenen weiter. Die anderen Ritter fürchten ihn mehr noch als die Stare den Sperber.

Auch Erec zeichnete sich dort vor allen übrigen aus; doch schon ist Guinglain da; der hat sich aus dem Getümmel befreit und nimmt zwischen zwei Reihen nun Anlauf. Mitten auf seiner Bahn stellte sich ihm der mächtige Graf Galoain entgegen. In rasendem Galopp trifft er den in Höhe der Brust mit voller Kraft auf den Schild; der wird durchstoßen und springt in Stücke; herunter vom Rücken seines trefflichen friesischen Rosses fällt der Recke tief in den Sand.

Und schon sprengt er wie der Wind gegen den nächsten; auf der Brustwarze landet sein Stoß: Panzer und Sattel können den Sturz nicht verhindern; der Gegner landet auf dem Boden. In Trümmer fliegt der Lanzenschaft. Da greift er zu seinem Schwert, und weiter geht es über die Wiese. Allenthalben durchkämmt er die Reihen.

Auch Lanpart zeichnete sich aus. Mit den hundert Rittern von Esmerée der Blonden jagte er ein ums andere Mal über das Feld. Die waren alle darauf erpicht, sich hervorzutun, und Lanpart an ihrer Spitze führte sie trefflich: zu Recht hatte man ihm die Befehlsgewalt gegeben. Ja, sein Trupp zeichnete sich aus, und er war bei jedem Angriff der erste und beim Rückzug immer der letzte. Sie machten ihre Sache wirklich gut.

Bislang hatte keiner Artus auf dem Kampfplatz gesehen; der hatte noch nicht eingegriffen. In voller Rüstung wartete der mächtige König mitsamt seiner Schar im Hintergrund ab und ließ zunächst allen anderen den Vortritt. Vierhundert der besten Recken in Rüstung waren unter seinem Banner vereint; der größte Feigling unter ihnen war noch ein Held.

Schließlich sprengte ein Knappe vom Turnierplatz heran und meldete Artus, daß alle nun kämpften bis auf Aguissans, den weisen und höfischen König; die übrigen seien ausnahmslos ausgerückt. «Ich habe dort einen Ritter gesehen; der trägt einen Schild mit einem Feld in Azur, und darauf ist ein weißer Löwe in Hermelin. Das ist ein ganz harter Kämpfer, der besiegt alle im Turnier. Wer es mit ihm aufnimmt, für den ist er ärger als ein Leopard.» – «Das ist Guinglain», dachte der König bei sich; bei seinem ersten Besuch am Hof war das ja sein Wappenzeichen gewesen, und ein trefflicher Ritter, das war er auch. Er irrte sich nicht: es war Guinglain, er, der so viele Gefahren bestanden hatte. Da hält es Artus nicht länger, jetzt will er ins Turnier. Schaut nur! Nun werden Sattelgurte angezogen und Helme festgezurrt, die Roßpanzer werden geschlossen, die Schwerter werden umgegürtet und die Lanzen gepackt. [...]

Kaum sind sie fertig, schwingen sich alle gewappnet aufs Pferd. In dichter und geschlossener Formation geht es nun vorwärts hin zu den kämpfenden Reihen. Und der König wirft sich gleich wagemutig mitten hinein ins wildeste Gewühl, und seine Mannen tun es ihm nach. Zehn Bläser gibt es in seiner Truppe mit Trompeten und gewaltigen Hörnern, die lassen sie jetzt laut erschallen. Wie ein Beben erschüttert das Kommen des Königs das Land.

Er stürmt voran und stößt auf den König der Roten Stadt; den trifft er mit voller Kraft oben auf den Schild: weder Steigbügel noch Sattel können helfen, es wirft ihn herunter. Die Lanze zerbricht, doch

Artus stiebt weiter. Seine Gefährten schikken beim Lanzenstechen gleich hundert Gegner in den Sand. Dort zeigte sich die Kühnheit der Bretonen: Gascognerpferde wurden erbeutet und gar viele Ritter auf Ehrenwort gefangengenommen; Lanzen wurden zum Angriff gesenkt und Schilde gespalten, es gab nurmehr Anlaufnehmen und Schwenken und mächtige Streiche der Schwerter. Tapfer kämpften Artus' Mannen, und so siegten sie über die Gegenpartei. In heilloser Auflösung war das ganze Turnier; Artus, der wackere König, der jagte alle davon; wer kehrtmachte, um sich zur Wehr zu setzen, der geriet in Gefangenschaft.

Alles schien schon verloren, da plötzlich bricht Anguisel, der König von Schottland, aus dem Gestrüpp hervor, mit einhundertvierzig tüchtigen Recken; die halten die Zügel an den Knoten gepackt. Mit gesenkter Lanze galoppiert der König heran; mitten auf die Brust trifft er Flores, den Herzog von Frankreich, mit Wucht; der Stoß hebt ihn aus dem Sattel. Auch seine Gefährten kippen mit ihren Lanzen gar manchen vom Pferd. Unaufhaltsam im-

und Stümpfe; es toste die Reihe der Kämpfer. Der Lärm ist ohrenbetäubend, die Luft voll vom Klirren der Schwerter und vom Krachen der Lanzen. In dichtem Gedränge, in wildem Getümmel sausen die Schwerter lauter als Gottes Donnerhall nieder.

Doch schaut, zwischen zwei Reihen bricht jetzt Guinglain hervor zum Angriff auf Sagremors. Oben auf dessen goldenem Schild landet die Lanze mit solcher Wucht, daß es den Ritter ins Gras schlägt. Mit dem ist er fertig, platt auf die Erde wirft er den nächsten. Auch Gauvain zeichnete sich dort aus, mit eigener Hand nahm er manchen gefangen. Girflet und Blioblïeris, der an der Gefährlichen Furt unterlegen war, der Stolze und der Herr von Saies sprengten mit vollem Einsatz voran; die kämpften so gut, daß man es besser gar nicht mehr könnte.

Mit Guinglain freilich vermochte keiner es aufzunehmen: der bezwang jeden. Wo er hinlangt, da wächst kein Kraut mehr. Von allen Seiten schaut man auf ihn. Er bezwingt die anderen alle, und so zieht er die Blicke magisch an. Sein blankes Schwert verteilt manchen wohlgezielten

Hieb, und am Ende bezeugt es ein jeder, er ist der Sieger des Turniers, der Preis gebührt ihm. Die Sonne verhüllte ihr Antlitz, der Abend senkte sich herab: so ging der Turniertag zu Ende.

Da schwenkte der König Anguisel auf Guinglain zu und ergriff seine Zügel; er lud ihn zu sich ein als Gast. Mit schmeichelnden Bitten drängte er ihn, und Guinglain blieb bei ihm und dankte ihm herzlich. Und schon ging es zum Essen. Als das Mahl zubereitet war, setzten sie sich nieder. Auch die Knappen wurden verköstigt: was immer sie brauchten, das gab es dort reichlich.

Gar angenehm verbrachte man die Nacht. In der Frühe läuten die Glocken der Kirche, und alle Ritter stehen auf. Die gehen nun zur Messe, die Knappen aber striegeln und beschlagen die Pferde, putzen die Brünnen, versehen die Lanzen mit eisernen Spitzen, sie legen die Sättel auf, schließen die Panzer der Rosse, ziehen die Sattelgurte an, richten die Kettenhosen her und ziehen die Riemen aus Hirschleder durch; sie bringen die Helme in Ordnung und reiben diese blank, sie knoten Zügel, legen die Schilde bereit und sehen drinnen nach dem Rechten. [...]

Dann folgte wieder Hieb auf Hieb; gewaltig waren die Gewinne und riesig die Verluste: so etwas hatte noch niemand erlebt. Was sollte ich weiter noch sagen? Schon am Vortag hatte Guinglain sich vor den übrigen ausgezeichnet, doch jetzt übertraf er sich selbst. Trefflichere Ritterkunststücke hat noch keiner mit eigenen Augen gesehen. Er allein errang den Preis des Turniers. Einstimmig sprach man ihm die ganze Ehre zu, das ist die reine Wahrheit. Doch auch der König Bruians hielt sich wieder wacker.

Am Abend ging das Turnier zu Ende. Nun entsandte Artus Dos Sohn Girflet und Lanpart zur Gegenpartei; die sollten sich erkundigen, wer der Turnierheld sei, und fragen, ob Guinglain dort weile. Sie taten, wie der König befohlen: sie legten ihre Rüstung ab und begaben sich geschwind in das andere Lager. Dort trafen sie den Sieger Guinglain in der Gesellschaft von König Anguisel. Als sie einander erblickten, fürwahr, da freuten sie sich sehr. Sie begrüßten sich gar herzlich, dann brachen sie zusammen auf zum Hof, Lanpart, Girflet und Guinglain.

So ritten sie zielstrebig über die Felder dahin und erreichten schließlich Valedon. Dort fanden sie Artus in seiner Unterkunft. Der König sprang auf, als er sie sah. Er erkannte Guinglain und eilte sogleich, um ihn zu küssen und in die Arme zu schließen.

Da herrschte eitel Freude. Die Ritter stürzen sich auf den Helden, sie heißen ihn willkommen und beglückwünschen ihn, sie versichern ihn ihrer Ergebenheit, sie küssen und umhalsen ihn [...]. Da erhalten die einen Umhänge, die sind mit Hermelin verbrämt, die anderen Münzgeld mit Prägung, Mäntel aus Buntwerk und Orientseide, Gewänder oder Überröcke mit einem Futter aus Buntwerk, kostbare Zelter und seidene Kleider. Fröhlich feierte man die ganze Nacht. Einer war in Buntwerk gehüllt, ein anderer in Grauwerk. Wie auf einem Jahrmarkt ging es dort zu, ja, das hättet Ihr meinen können. Sogar Dienstburschen bekamen Waffenröcke. Sie schliefen in Valedon, doch als der Morgen graute, brach Artus auf.

Geradewegs nach London geht der Ritt, wo Esmerée die Blonde weilt. Guinglain reitet mit Artus, und der ist glücklich darüber, seinen Neffen wiederzuhaben. Weiter und weiter geht die Reise, und am Ende sind sie in London. Dort war man über ihr Kommen gar froh. Als Esmerée die Blonde Guinglain erblickte, wißt, da verbarg sie ihr Entzücken nicht: zum Gruß schlang sie die Arme um ihn. Der König reichte ihr und Guinglain seine bloße Hand und setzte sich zwischen die beiden. Dann rief er ein paar seiner Edlen. Als erster erschien König Amangon mit Gauvain und König Bruians, es folgten Yvain der Bastard und Tristan, Lanpart und Seneschall Keu, Sagremors, Gales der Kahle und noch viele mehr. «Hört mich an!» wandte Artus sich an sie.

Darauf richtete er das Wort an Guinglain: «Lieber Neffe, mein schöner, teurer Freund, mir lacht das Herz, denn ich sehe, wie wacker und wie besonnen Ihr seid, und ich habe Euch endlich wieder. Sehnsüchtig vermißt habe ich Euch, und nun will ich Euch erhöhen. Daher meine Bitte: Nehmt diese Königin hier zur Gemahlin, ein großes Reich neigt sich vor ihr; also, mein guter Neffe, nehmt sie zur Frau, dann werdet Ihr durch sie ein gekrönter König voll Macht und Stärke! Ihr habt sie Euch verdient, denn Ihr habt sie durch Waffentat errungen und sie aus arger Bedrängnis befreit. Um ihretwillen habt Ihr viel erduldet. Eine Schönere als sie könnt Ihr nicht haben, und außerdem entstammt sie gar edlem Geblüt. Schön und vornehm, wie sie ist, habt Ihr keinen Grund, sie abzuweisen. Ja, sie ist aus herrschaftlichem Hause, und sie liebt und begehrt Euch von Herzen; zum Eheherrn will sie nur Euch haben.»

Der König und all die anderen baten mit Überzeugung, und so gab Guinglain schließlich sein Jawort. Er sah, die Dame war schön und verständig, und in seinem Herzen gefiel sie ihm wohl.

Da schlug der König vor, die Hochzeit für seinen Neffen gleich auszurichten und ihn zu krönen. Doch Esmerée die Blonde wollte erst zurück in ihr eigenes Land, um dort ihrer beider Krönung mit ihres Vaters

Krone und der ihrer Mutter zu feiern. Guinglain billigte den Plan. Sie baten den König, sie zu begleiten, und der versprach das fest, er wollte das Paar ja ehren. Die Reisevorbereitungen wurden geschwind getroffen, und sie verbrachten eine glückliche Nacht in London.

Früh im Morgengrauen standen Esmerée die Blonde, Guinglain und König Artus schon auf. Die Knappen verstauten das Gepäck. Wozu viele Worte verlieren? Sie sattelten die Pferde, und fort ging es aus Britannien in schmuckem Zug, Artus an der Spitze. In gewaltigen Tagereisen führte der Ritt sie durch Marken und Länder bis hin nach Wales. In der Stadt Snowdon empfing man sie freudig mit einer großen Prozession. Und gleich eilte die Kunde von der Rückkehr der Herrin und ihrer Hochzeit durch Wales: der, welcher sie einst aus der Not erlöst habe, werde nun ihr Gemahl. Das war eine sehr angenehme Neuigkeit.

Auf Geheiß der Dame versammelten sich alle Edlen des Reiches in Snowdon. Ich kann Euch wahrlich und wahrhaftig versichern: Seit Gott die Nacht vom Tag geschieden hat, gab es für keinen je ein herzlicheres Willkommen und einen freudigeren Empfang als dort in jenem Lande für Guinglain. Jeder suchte seine Liebe zu gewinnen. Auch Artus als ihrem Herrn wollten die Leute nur Ehre bezeigen. Was sollte ich weiter noch sagen, welchen Zusatz noch machen? Guinglain, von dem Ihr gehört habt, wurde gekrönt; die Dame heiratete ihn und erhielt zusammen mit ihm die Krone. Er wurde danach ein König, dessen Ruf gar weithin reichte, so lehrt die Geschichte.

Damit bricht der Roman ab und ist aus. Zu Euch, Schöne, neigt sich mein Herz, und so bittet Renals de Biauju Euch bei Gott gar flehentlich, vergeßt ihn nicht! Aus ganzer Seele will er Euch lieben für alle Zeit, das könnt Ihr ihm nicht wehren. Er wird weiter erzählen oder von nun an verstummen, ganz wie Ihr wollt. Für den schönen Schein Eures Blicks ließe er Guinglain die verlorene Liebste um Euretwillen wiederfinden und nackt in seinen Armen halten. Doch wenn Ihr damit geizt, dann verfällt Guinglain der Pein, die Geliebte nie mehr zu besitzen. Eine andere

Rache gibt es nicht, und die wird zu seinem argen Kummer Guinglain treffen: Ich werde nimmermehr von ihm erzählen, bis ich den schönen Schein des Blicks bekomme.

NACHWORT

Der «Bel Inconnu», ein altfranzösischer Versroman in etwas über sechstausend gereimten Achtsilblern, entstand im letzten Jahrzehnt des 12. Jahrhunderts und ist uns nur in einer einzigen Handschrift überliefert; er ist der erste Vertreter eines Stoffkreises mit späteren Versionen in Deutschland («Wigalois», Wirnt von Grafenberg um 1210), England («Libeaus Desconus», um 1375) und Italien («Carduino» des Antonio Pucci, um 1375). Von allen diesen Texten unterscheidet er sich nicht nur durch die Ausblendung der Jugend des Helden und die Gestalt des Knappen Robert, sondern vor allem durch den umfangreichen zweiten Teil, die Rückkehr des Helden zur Goldenen Insel und das Turnier. Diese Elemente sind genuine Zutat seines Verfassers, der sich am Schluß des Werkes selbst Renals de Biauju nennt.

Wie bei den meisten Autorennamen im Mittelalter ist es müßig, um jeden Preis eine historische Person orten zu wollen; es handelt sich vielmehr in der Regel um Pseudonyme, deren Bedeutung sich erst mit der Lektüre des Werks enthüllt. Nur eines ist sicher, außer dem «Schönen Unbekannten» hat Renals/Renaut noch ein Lied verfaßt, was unter anderem der Prolog des Romans bezeugt. Ansonsten wissen wir vom Autor unseres Textes wie so oft in der mittelalterlichen Literatur nichts.

Daher ist man von Anfang an ganz auf den Text selbst verwiesen, wobei der moderne Leser der Andersartigkeit mittelalterlicher Literatur eingedenk sein muß. Die Texte wurden mündlich vor einem Publikum aus Rittern und Damen von Spielleuten – den damaligen Unterhaltungsspezialisten – vorgetragen. Und so finden sich in unserem Text zum einen die üblichen Merkmale dieser Kultur der Mündlichkeit: Hinwendung zum Publikum («schaut, da naht»), intensivierende Synonymendoppelung («wohlhabend und reich»), Wiederholung formelhafter Verse («heiß tobt die Schlacht»), Einbau von Sprichwörtern, die einen Konsens mit den Zuhörern herstellen sollen, Sprünge im Erzähltempus zur Erhöhung der Spannung. Zum anderen entsteht beim mündlichen Vortragen häufig Mehrdeutigkeit durch gleichklingende Wörter, welche bei graphischer Fixierung eindeutig wären. Dieses Gleiten der Bedeutungen eröffnet oft ganze Sinnebenen von Subtexten.

Der «Schöne Unbekannte» zählt zu der Gattung des höfisch-arthurischen Romans, die sich im 12. Jahrhundert mit ihrem herausragenden Meister Chrétien de Troyes («Erec et Enide», etwa 1170) entwickelt und sich bis ins 14. Jahrhundert («Méliador» von Jean Froissart, nach 1360) großer Beliebtheit erfreut. Sie basiert auf der sogenannten *matière de Bretagne;* diese repräsentiert neben der *matière de France* (Epik zum Beispiel um Karl den Großen) und der *matière de Rome* (antike Stoffe) den dritten wichtigen Stoffkreis der Erzählliteratur des französischen Mittelalters, dessen Quelle die keltische Mythologie und Folklore darstellt. Keltische Stoffe und Motive gelangten von Irland über Wales durch Spielleute schließlich nach Frankreich – das heißt aber: aus einer matriarchal geprägten Kultur (Vererbung über die mütterliche Linie, Muttergottheit) in eine streng patriarchale (Vererbung über die väterliche Seite, christlicher Gott-Vater). Ein solch komplizierter Transfer über mehrere Sprach- und Kulturkreise hinweg bringt dabei notwendigerweise nicht nur einfache Übersetzungsfehler, sondern auch folgenreiche Mißverständnisse und Umdeutungen mit sich.

Ihren Namen verdankt die Gattung der sagenumwobenen Gestalt des Königs Artus, die bis heute nichts von ihrer Faszination eingebüßt hat. Ein Krieger Artus wird zuerst Ende des 6. Jahrhunderts in walisischen Quellen erwähnt; ein König Artus erscheint dann in der zweiten Hälfte des 11. Jahrhunderts auch in walisischen Heiligenviten und der Erzählung «Culhwch und Olwen». Zur vollen Entfaltung gelangt die sich hier anbahnende Legendenbildung mit der lateinischen «Historia regum Britanniae» von Geoffrey of Monmouth, um schließlich durch deren altfranzösische Version, den «Roman de Brut» von Wace (um 1155) einem breiten Publikum zugänglich zu werden: Nach dem Tod seines Vaters kämpft Artus zunächst gegen die Schotten (516); er unterwirft Irland und die Inseln des Nordens. Es folgt eine zwölfjährige Friedenszeit (518–29), in der die Ereignisse der arthurischen Romane anzusetzen sind. – Nach Kämpfen in Norwegen, Dänemark (530) und Frankreich (531–40) wird Artus bei seiner Krönung vom römischen Kaiser Lucius herausgefordert; er siegt bei Langres, doch der Verrat seines Neffen Mordred zwingt ihn 542 zum Rückzug. Im Kampf gegen diesen wird er tödlich verwundet und entschwindet ins Feenreich nach Avalon, von wo er dereinst wiederkehren soll.

Im arthurischen Roman dient die Gestalt des Königs der Legitimierung wechselnder Herrschaftsansprüche: Als «superlativischer Ahnherr» tritt er in den Dienst des normannisch-englischen Königshauses unter Heinrich II. Plantagenet und liefert – so wie Karl der Große für die Franzosen – ausgezeichnetes Propagandamaterial für den anglofranzösischen Herrschaftsbereich. Er ist der ideale, gerechte, höfische, freigebige König, der jedoch stets auf seine Barone verwiesen bleibt. Damit kann er auch die Ansprüche der unter Johann I.

Ohneland aufbegehrenden Feudalfürsten verkörpern und zugleich Gegenbild zum französischen König Philippe Auguste werden, der auf ein zentralistisches Königtum setzt. Auch in unserem Text ist Artus einerseits oberster Garant der Ordnung, deren Störungen – die Verzauberung Esmerées und der Fluch über der Öden Stadt – in seinem Namen beseitigt werden. Andererseits stützt sich Artus in wichtigen Angelegenheiten auf den Rat seiner Barone. Er ist der ideale König: «König bin ich, ich darf nicht lügen noch gegenüber irgend jemand mein Wort nicht halten.» Doch diese Idealität impliziert zugleich Schwäche, da sie abhängig ist vom gleichlautenden Diktat des jungen Ritters. Mit einem solch stark-schwachen Idealkönig kann der Artushof zum Ort der Integration des gesamten Rittertums werden: Nicht nur jeder bezwungene Gegner wird in den Kreis um Artus aufgenommen, sondern von Anfang an auch der Schöne Unbekannte selbst, den Artus durch Gewährung eines – wenngleich geforderten – Blankoversprechens an den Hof bindet. Damit aber leiht der arthurische Roman seine Stimme den Wünschen der *jeunes,* der vom Erbe ausgeschlossenen Jungritter ohne Lehen, die sich in der Lebensrealität jenseits der Romanidealisierung um einen reichen Anführer aus dem höheren Rittertum scharten und von Turnier zu Turnier zogen, immer in der Hoffnung, eine reiche Erbin zu gewinnen.

Passend zur ordnenden und einigenden Funktion des Artushofes erscheinen die zwei Artusszenen am Anfang und am Ende des Textes als Gattungskonstanten. Der Held bricht vom Artushof auf und durchläuft eine erste Kette von «Abenteuern» wachsenden Schwierigkeitsgrades. Das dadurch erlangte Glück ist freilich nur von kurzer Dauer; es gilt noch einmal auszuziehen, erst nach einem doppelten Kursus ist das Ziel endgültig erreicht, und der Ritter kehrt an den Hof zurück.

Im Unterschied zur Epik *(chansons de geste)* zeichnet sich der Roman von Anfang an durch die Entdeckung der Frau und der Liebe aus. Im Grunde konkurrieren im 12. Jahrhundert zwei Liebeskonzeptionen miteinander. Auf der einen Seite steht die *fin'amors* der Troubadours des Südens mit der Anbetung einer verheirateten *dame,* die – sei es räumlich, sei es sozial – in unerreichbare Ferne entrückt ist, auf der anderen Seite die höfische Liebe des Nordens, der *amour courtois,* wie ihn Chrétien de Troyes entwickelte: Liebe und Ehe, Individuum und Gemeinschaft erscheinen dort vereint. Unser Text macht auf den ersten Blick klar, daß dieser Einklang des frühen Romans nicht mehr existiert: Liebe und Individuum geraten in Gegensatz zu Ehe und Gesellschaft; es gibt nurmehr ein Entweder-Oder – entweder Liebesglück, Umarmungen und Küsse oder Macht und Königsherrschaft, entweder die Fee oder die blonde Esmerée, nicht eine einzige Frau wie sonst im höfischen Roman, sondern zwei, und nicht zuletzt statt des *amour courtois* die *fin'amors* in den Autorkommentaren.

Nach dieser groben Situierung in den literarhistorischen Kontext taucht die essentielle Frage auf: Was macht ein Leser des 20. Jahrhunderts mit einem solchen Roman? Ist er ein nur noch geschichtliches Zeugnis längst vergangener Zeit, das der Begründung einer das Rittertum einenden

Feudalethik diente? Oder gehört er schlicht in die Klischeeschublade «Arm heiratet Reich und opfert dafür seine Liebe»? Ich möchte im folgenden eine psychologische Lektüre des Textes vorschlagen, weil durch sie die Modernität im Anderssein des Mittelalters besonders gut aufgespürt werden, das literarische Motiv vom Mann zwischen zwei Frauen als der Ausdruck einer überzeitlichen Daseinsstruktur erkannt werden kann.

Gleich einem zweiten Parzival erscheint in der ersten Artusszene am Hof ein junger Mann ohne Namen und damit auch ohne Identität. Er, der bislang in symbiotischer Einheit als «Lieber Sohn» mit der Mutter verschmolzen war, erlebt hier seinen ersten Kontakt mit einer rein männlich geprägten Welt: fünfunddreißig Ritter werden mit Namen erwähnt, die Damen dagegen bewußt nicht genannt. König Artus fungiert als Vaterfigur: Er gibt dem Jungen einen Namen *(non)*. Der Name *(nom)* birgt hier also nicht nur phonetisch, sondern auch graphisch das Nein *(non)* des Vaters, welches das Kind von der Mutter trennt, den «Lieben Sohn» der Symbiose entreißt und zum «Schönen Unbekannten» vereinzelt. Von nun an handelt der Held im Namen des Vaters, denn dieser macht ihn zum Ritter und schickt ihn aus. Doch auf dem Weg zum Ziel, das der Vater setzt, liegt die Goldene Insel im Meer, die Fee mit den Weißen Händen als der eigentliche Endpunkt aller Wünsche: zu ihr, und nur zu ihr, will der junge Ritter zurück.

Wer aber ist diese Fee? Renaut vergleicht ihre Schönheit mit jener verschiedener Frauen, deren letzte und herausragendste die Fee Morgana ist. Und in der Tat ist die Jungfrau mit den Weißen Händen auf ihrer Insel im Meer eine Ausformung dieser faszinierendsten Feengestalt des Mittelalters mit ihrem Paradies Avalon, wohin sie ihre Heroen entrückt. Morgana geht zurück auf die irische dreifaltige Göttin Morrigain/Morcades und die walisische Muttergottheit Modron (Matrona). In der keltischen Mythologie vollziehen diese zusammen mit ihren Sohn-Geliebten den jahreszeitlichen Zyklus von Sommer und Winter in einer sich stets wiederholenden Abfolge: Initiation des Heros (oft als Kampf zwischen Vorgänger und Nachfolger gestaltet), Heilige Hochzeit (Vereinigung mit ihm), Tod und Wiederkehr des Helden. Das erste Element dieses Kreislaufs, der Kampf zwischen Vorgänger und Nachfolger, erscheint in unserem Text gleich zweimal: zuerst auf der Goldenen Insel, wo der Widersacher Malgiers der Graue ist, und dann noch einmal bei der Erlösung Esmerées, wo die Gegner die Zauberer Mabon und Evrain sind. Nun ist aber Mabon ursprünglich der Sohn, Gatte und Heros der walisischen Muttergöttin Modron. Im «Erec» Chrétiens de Troyes besiegt der Held einen riesenhaften Ritter namens Mabonagrain, was soviel ist wie Mabon ab Grain (*ab* meint «Sohn von») oder Mabon Euryn (d. h. «der Goldene»). Durch Mißverständnis sind in unserem Text daraus zwei Personen entstanden, Mabon und Evrain. Da auch Malgiers letztlich auf den mythischen Namen Mabon zurückgeht, verweisen alle drei auf eine ursprünglich einzige Gestalt im Mythos der Muttergottheit. Nur auf diesem Hintergrund läßt sich auch der befremdlich anmutende unbekümmerte Wechsel der Liebhaber bei der Fee erklären. Dies ist ein Resultat der Entmythologisierung des muttergöttlichen Jahreszyklus. Generell verliert die Muttergottheit beim Übergang in eine patriarchale Kultur notwendigerweise ihre mythische Dimension; in nunmehr ödipaler Konstellation wird sie zum Objekt des Begehrens für den Sohn (den einstigen mythischen Sohn-Geliebten) und so der Auslöser verbotener Inzestphantasien. Auch in unserem Roman ist die Jungfrau mit den Weißen Händen in Wahrheit niemand anderer als die Mutter: Beide Frauen, Mutter und Geliebte, sind Feen, ihre Namen, Blanchemal und Blanchemain, fast identisch; gleich der Mutter begleitete die Fee der Goldenen Insel schon die Kindheit des Helden, und schließlich setzt der Text beide in eins durch die Mischung von erster und dritter Person: «Ich will dir auch sagen, wer deine Mutter ist: du bist der Sohn der Fee Blanchemal. *Ich* gab dir Rüstung und Schwert, und *sie* schickte dich zu König Artus». Solche Inzestphantasien sind im Mittelalter durchaus nicht selten, man denke nur etwa an die Legende vom (späteren) Papst Gregorius, der, von Geschwistern gezeugt, die eigene

Mutter heiratet – oder in arthurischem Kontext an Mordred, den Sohn der Geschwister Morgana und Artus, der dann überdies noch die Frau seines Vaters, Guenièvre, entführt. Vergessen sollte man auch nicht, daß Morgana, Prototyp der Fee Blanchemain, die Mutter Gauvains ist; dieser aber – ein ursprünglicher Sohn-Geliebter – zeugt mit der Dame Blanchemal/Blanchemain den Schönen Unbekannten, der seinerseits den einst mythischen Kreislauf fortsetzt.

Nach diesem Exkurs in den keltischen Hintergrund des Artusromans nun zurück zur Deutung des «Schönen Unbekannten». Das Nein des Vaters, das den Lieben Sohn von der Mutter trennt, bewirkt erst die magische Anziehungskraft ebendieses verbotenen Objekts: Der durch das Nein eingeschriebene Mangel wird zur Triebfeder des Handelns, die Fee als *gesperrtes* Objekt Initiatorin des Tuns, ein dialektischer Prozeß, in dem das Nein das Begehren nun gerade erst auslöst. Wie ein Leitmotiv durchzieht diese Dialektik den Text. Sie klingt an im Namen Bli-*ob-lïer*-is mit den Elementen des *oblier,* das heißt des Vergessens, der Trennung, und des *lier,* also des Bezogen- oder Verbundenbleibens. Gleich Artus repräsentiert der Furtwächter die Sperre, die es zu überwinden gilt. Sie wiederholt sich in den Namen von Botin und Seneschall, Helie (*elle lie* heißt «sie bindet») sowie Lanpart (*l'on part* bedeutet «man trennt»), die als Wegweiser einander ablösen. Sie bestimmt endlich die Funktion des Knappen Robert, der als (Ro)-*père,* Vertreter der väterlichen Ordnung, den Unbekannten von der Mutter in der ersten Feenszene trennt und ihn wieder an sie bindet, indem er in der zweiten Feenszene zu ihr zurückführt.

Zutage tritt der Wunsch, zur Mutter/Fee zurückzukehren, aber erst im Zusammenhang mit dem Schrecklichen Kuß, der Trost und Heilung durch sie erforderlich macht. Dieser *Fier Baiser* wird in einem späten englischen Text, «Gawain and Ragnall» (um 1458), Gauvain zugeschrieben: In der Hochzeitsnacht muß er ein häßliches Weib küssen, das sich darauf in eine wunderschöne Frau verwandelt. In einem späten italienischen Text, «La Pulzella Gaia» (um 1350), ist der Held ebenfalls Gauvain, die Schlange, die er küßt, eine Tochter Morganas. Im Keltischen, dessen Spuren diese Texte bergen, ist der *Fier Baiser* der symbolische Vollzug der Heiligen Hochzeit zwischen der Muttergöttin und ihrem Sohn-Geliebten. So ist denn auch in unserem Roman die sexuelle Dimension des Kusses offensichtlich. Nach der Beschreibung der Scheußlichkeit des Wurms wechselt der Autor mit dem «hellroten Mund» (nicht «Maul» oder «Schlund») zur erotischen Sprache. Überdies spielen hier die naturkundlichen Vorstellungen des Mittelalters herein: danach koitieren Schlangen oral, wobei das Weibchen die Genitalien des Männchens abbeißt, so daß dieses stirbt. Einer ähnlichen Erfahrung ist der Schöne Unbekannte ausgesetzt: Er, der bislang jeden Kampf unversehrt überstanden hat, steht am Ende dieser Szene wund – «übersät mit blutigen Wunden» – da. Damit ist das Koituserleben des Mannes gekennzeichnet als Erfahrung des eigenen Mangels, der Kastration, gegenüber dem bedrohlich Anderen der Frau. Zwar heilen die physischen Wunden, doch werden sie sofort auf die psychische Ebene der Liebeskrankheit mit all ihren Symptomen – Blässe, Schlaflosigkeit – verschoben. Erneut muß Heilung gesucht werden: Die Rückkehr zur Fee, das Erwirken ihrer Verzeihung soll den Mangel, die Spaltung von Ich und Anderem beheben, der ja jetzt nicht mehr wie im Sexuellen als grundsätzlich vorgegeben, sondern als verschuldet (er hat sich heimlich davongeschlichen) und damit als revidierbar erscheint. Ob dies gelingt oder nicht, das ist die nächste Frage.

Das Erlebnis der Spaltung löst also das Begehren nach der verlorenen Einheit mit der Mutter in der symbiotischen Geborgenheit ihres Leibes aus, und so dominiert bei der Beschreibung des Ortes die Vorstellung idealer ringförmiger Abgeschlossenheit in sich selbst: eine Goldene Insel im Meer, darauf ein kreisrunder Palas, darin ein Paradiesgarten mit Mauern ringsum. Diese Versatzstücke sind die typischen Symbole einer Regreßphantasie; aus dem Vorwärts der ersten Szenen wird ein Zurück. Der Unbekannte folgt einem Traum umfangender Glückseligkeit im Mutterleib, den vermutlich die ganze Menschheit träumt, wie aus der Durchgängigkeit des Motivs durch die Jahrhunderte zu erkennen ist, von Platons Atlantis über die Insel der Fülle in «Paul et Virginie» bis hin zu heutigen Fernsehserien. Die Herrin der Goldenen Insel ist die Vollkommenheit selbst, die schönste aller Frauen, die ihr gegenüber wie Bruchstücke des Perfekten erscheinen: sie haben nicht einmal den zehnten Teil ihrer Schönheit. Sie ist alles zugleich, Mädchen und Frau *(pucele, damoissele, dame)*. In ihrer Fülle wähnt der kranke Held heil und ganz zu werden, in ihrem Anblick zu genesen wie in der Betrachtung eines idealen Spiegels seiner selbst, den der Text als Chiasmus verbildlicht.

Die Jungfrau mit den Weißen Händen kommt Guinglain entgegen mit einem kostbaren Sperber auf ihrer Hand. Auch er weist sie als Schönste aus; schon seit der Episode vom Fräulein mit dem Sperber ist er als Zeichen überragender Schönheit bekannt. Doch das ist nicht alles. In zwei Szenen unseres Textes werden Tiere gewonnen, Sperber und Hündchen, das eine rechtmäßig und das andre unrechtmäßig, beide trägt das Fräulein Margerie davon; damit sind sie aufeinander bezogen, ihre Funktion ist vergleichbar. Den Sperber, der inmitten eines kreisrunden Platzes auf einer Stange in einem gepfropften Baum sitzt, *hat* niemand, nicht einmal Girflet, der ihn zu besitzen nur wähnt, da er stets neu zu erobern ist. Er ist, wie das Beispiel Margeries mit ihrem zweimaligen Versuch, seiner habhaft zu werden, lehrt, das Objekt, das verloren ist, ehe es gewonnen wird, nicht anders als das Hündchen, das der Mann (Ritter) nie haben wird und das er trotzdem der Frau gibt. Für den Jäger ist das Hündchen im Augenblick des Interesses schon verloren, und Helie ist es noch nicht zu eigen. Das Begehren beider richtet sich also auf ein verlorenes, nicht erlangbares Objekt. Die Parallelität ihrer beider Begehren wiederholt nur diese Erkenntnis: Das Begehren ist das *Begehren* des Anderen, womit letztendliche Erfüllbarkeit verneint ist, da dem Begehren des Anderen ebenfalls der Mangel eingeschrieben ist. Der Mann gibt der Frau den Sperber, das Zeichen von Schönheit und Vollkommenheit, damit sie sei, was ihm mangelt. Sie ist damit der vermeintliche Hort der Fülle, Margerie mit den beiden Tieren, welche den Mangel des Liebsten, des Mannes vergessen lassen. Doch die Fülle ist in der Tat nur vermeintlich, denn die Liebe trübt die Sinne: Der Sperber vermittelt die Fülle der Schönheit auch dem häßlichsten Weib, und das Hündchen bleibt immer nur Raub. So erscheint im kreisrunden Platz der Vollkommenheit, im gepropften Baum der Einheit der Sperber des Mangels.

Gleich dem Sperber ist die Fee das Objekt, das verloren ist, bevor es gewonnen wird: Der Rückkehr geht ja das Verlassen voraus, und so ist von vornherein in die Erfüllung von Guinglains Begehren der Verlust eingeschrieben.

Ebenso ist das Paradies im Garten der Fee nurmehr ein verlorenes. Es ist Teil einer Feste, die mit der Stadt Limors (*li mors* heißt «der Tod») verglichen wird. Es ist Schein; die Pflanzen darin sind fast ausnahmslos exotische Gewächse, die meist hart und stachlig, dornig und bitter sind. Kommunikation zwischen den Liebenden findet in diesem Garten Eden nicht statt, denn die Dame verbirgt ihre Gefühle vor ihm. Selbst im wechselseitigen Raub der Herzen (*s'enblent* bedeutet «sie rauben») klingt der *semblant* als bloßer Schein auf. Das Gespräch ist von Negativem beherrscht: von Leiden und Tod und einem Fehler, den es wiedergutzumachen gilt. Der Text nähert sich hier biblischen Vorstellungen: Eine Fee, die um Gut und Böse weiß, ver-führt einen Ritter, und das mit Hilfe der Schlange, der verzauberten Esmerée – die Folge ist der Verlust des Paradieses. – Kaum hat man das Paradies betreten, wird es auch schon wieder verlassen. Das Paar findet sich schließlich in einem Ersatzparadies, der Kammer der Fee, doch es ist wiederum nur ein täuschendes Abbild: Die Tiere darin sind nicht echt, sondern künstliches Mosaik, und die Erfahrung, die Guinglain dort macht, ist alles andere als paradiesisch. Auf den ersten Blick steht den zwei Angstträumen des Helden zwar das *reale* Erleben der Liebesnacht gegenüber, doch auch hier ist Vorsicht geboten, denn die Botin, die ihn zur Liebsten geleitet, verkündet: «Zur Wahrheit mache ich den Traum», ein ambivalentes Versprechen, da das altfranzösische Verb *averer* ein Wahrmachen im Sinne von «Wirklichkeit werden lassen», aber daneben auch im Sinne von «bestätigen» bedeutet. So ist die Liebesnacht in Wahrheit der dritte Traum, und es gilt die Ahnung Guinglains: «Darum gehe ich heute nacht nicht mehr dorthin, (...) denn es würde nicht gelingen, das weiß ich genau.» In der Liebesszene wiederholt sich auf anderer Ebene die Erfahrung, die ihn in jener Nacht schon zweimal getroffen hat, und wird also grundsätzlich: Die Kammer steht einladend offen und bleibt doch versperrt. Dieses Erleben war beim ersten Besuch der Goldenen Insel schon einmal nur *Traum* gewesen, und als die Fee ihn verließ, glaubte Guinglain sie dennoch weiter bei sich im Bett. Dieser Traum vergegenwärtigte das Fehlende, die scheinbare Realität der Liebesnacht enthüllt dagegen in der Präsenz der Geliebten deren radikale Absenz. Das Erlebnis der ersten Begegnung mit dem Versprechen der Wonne – schon durch das seidene Laken des Betts –, das sich doch zur Frustration verkehrte, bleibt unaufgehoben.

Im sexuellen Akt klafft unter dem Traum von Vereinigung und Verschmelzung der Riß des Getrenntseins wie schon in der ersten Nacht. Im selben Augenblick, in dem Guinglain die Fee zu besitzen vermeint, ist sie entschwunden: «Den Namen Jungfrau freilich verlor die Dame an ihres Liebsten Seite». Die Jungfrau mit den Weißen Händen ist durch diesen Namensverlust aufgelöst in nichts, es bleibt nur die Transparenz ihrer Weiße. Der Namenlose – der Ritter ist nurmehr der Ihre, nicht mehr der Schöne Unbekannte, nicht mehr Guinglain – findet die Namenlose. Das kranke, unheile Ich, das sich im Gegenüber sucht, würde, wenn es sich dort fände, nur seinen eigenen Mangel finden. Das Begehren stößt nur auf das Begehren des Anderen: seit seiner Kindheit begehrt ihn die Fee. Doch dieses Nichts, auf das sich das Begehren letztendlich richtet, wird schon im Begehren selbst geleugnet: Man begehrt immer *etwas*. So wird in der Umkehr der Verleugnung der Mangel zum Mehr: «Ich weiß nicht, ob sie ganz die Seine wurde.» Wahn und Hoffnung, erlangen zu können, was verloren ist, bleiben bestehen, das verlorene Paradies überdauert als Illusion.

In der Liebe gibt jeder dem anderen das, was er nicht hat. Und so beantwortet denn nach der Liebesnacht ein unwissender Guinglain die Frage der unwissenden Fee, auf daß sie ihm dann Wissen verschaffe. Er *gibt* die Erzählung seines Angsttraums, die Geschichte des Sperbers, dessen, was er nicht hat; sie *gibt* ihm die Erzählung ihres Begehrens, das heißt ihres eigenen Mangels, der ihren Verlust von vornherein einschließt. So beteuert sie zum einen: «Wißt, ich wollte Euch haben und Eure Liebste sein, und in Gedanken und Werken setzte ich alles daran, das zu erreichen», zum anderen wird die Vollkommenheit ihres Allwissens, noch ehe sie genannt wird, durch ihre drängende Frage: «Liebster, sagt, warum habt Ihr gelacht? Denn gelacht habt Ihr, und ich weiß nicht weshalb» aufgehoben. Sie bestraft Guinglain dafür, sie verlassen zu haben, und doch stand von Anbeginn aller Zeit die Trennung als Schicksal schon fest, denn die Erlösung Esmerées, welche die Fee veranlaßte, verlangte notwendigerweise das Verlassen der Goldenen Insel.

Damit ist auch die Liebe nur eine Illusion von Ein-Werdung, die den Mangel des Getrenntseins letztlich nicht zu füllen vermag: Die Liebe «versteht sich auf Blendwerk und auf Zauberei».

Die Verstoßung aus dem Paradies vollzieht daher nur wiederholend, was immer schon war. Noch einmal ist es die Ordnung des Vaters, welche die Trennung bewirkt: Der von *Artus* entsandte Herold lädt zum Turnier und wirkt damit als der Dritte, der zwischen Fee/Mutter und Geliebten/Sohn tritt. Auch Ro-*père,* der Knappe vom Hof des Königs, ist beim Erwachen im Wald plötzlich wieder mit seinen Ratschlägen zur Stelle. Im Rund des Palas und des Gartens, in der paradieshaften Kammer gab es nur die Fee und Guinglain, zwischen Esmerée und Guinglain aber sitzt Artus als trennender Dritter.

Esmerée ist die Frau, die Guinglain aufgrund eines *don contraignant* gewinnt, eines Blankoversprechens, das in seiner Zweigliedrigkeit – zuerst kommt die Bitte um Gabe des *don,* nachher erst die Bitte um Erfüllung des inhaltlich Spezifizierten – das Schisma zwischen Begehren und Objekt versinnbildlicht. Und so erscheint Esmerée im Unterschied zur Fee *nicht* vollkommen, sie ist schön, aber nicht die Schönste. Bei der ersten Begegnung nach ihrer Entzauberung wird die geplante Ehe zwischen ihr und Guinglain durch die Barone als Dritte vermittelt, nach dem Turnier drängt Artus seinen Neffen zur Ehe mit ihr. Die Fee dagegen gibt sich selbst und teilt ihre Entscheidung den Baronen nur mit. Guinglain hat Esmerée *erobert* und damit ein Anrecht auf sie; Esmerée kann er haben, die Fee letztlich nicht. Zwar versichert auch sie bei der ersten Begegnung, er habe sie erobert, und verspricht ihm die Ehe, doch von beidem ist bei seiner Rückkehr nicht mehr die Rede. Wortreich preist Vater Artus dem Helden Esmerée an: Sie ist schön, von vornehmer Herkunft, und sie liebt ihn. Das heißt, er setzt sie aus als Objekt *für* das Begehren, als Ersatz und Abglanz der Vollkommenheit der Fee, des verlorenen eigentlichen Objekts *des* Begehrens, das in der Präsenz der Ersatzfrau («eine Schönere als sie könnt Ihr nicht haben») als Absenz erklingt: als Es-*mère*-ée ruft die Königin die entschwundene Mutter wach, sie kommt als Drache aus einer *aumaire* («Schrank»), worin *eau mère* («Wasser der Mutter») anklingt, und verschwindet wieder darin, als Ersatz der Mutter verweist sie auf sie. Das Paar begegnet sich als König und Königin auf der Ebene der Herrschaft, eine Verschiebung, die den Mangel der Sexualität enthüllt. Auch das Turnier als nurmehr *sportlicher* Wettstreit hat durch die spielerische Wiederholung von genau vier mal drei Kämpfen wie im ersten Romanteil Ersatzcharakter.

Guinglains Geschichte ist damit am Ende, doch nicht am Ziel, an einem Ende, das der Autor denn auch durch die Möglichkeit einer Rückkehr zur Fee in Frage stellt. Aber geschickt wird auch hier wieder die Rückkehr in den Bereich der Vollkommenheit und Einheit unterlaufen; sie bleibt dem Begehren des Anderen (diesmal des Autors) unterworfen. Die Rückkehr ins Paradies ist parallel zum schönen Schein, zum *bel sanblant* der Geliebten. Die Tücke eines solchen *bel sanblant* hat schon Guinglains Verhalten Esmerée gegenüber offenbart: «Er verstand es, ihr gar schön zu tun» *(biel sanblant mostrer)*. Der *sanblant,* der Schein, birgt immer die Weiße des mangelnden Sinns *(sens blanc)*.

Nach vier Einschüben löst sich am Schluß des Textes das Ich des Autors auf in der dritten Person eines Renals de Biauju, der schließlich von Guinglain nicht mehr zu unterscheiden ist: Wessen «Kummer» ist gemeint, Renals' oder Guinglains? Das Ich verliert seine Identität, vermag nicht ganzes Subjekt zu werden. Das verlorene Ich des Renals de Biau-ju (*je* als «Schönes Ich») ruft einen anderen Namen wach, den des Bel Descouneüs, des Schönen Unbekannten, bei dem sich durch die Bedrohung des Bruchs im *dis* die Einheit im *co* als gespalten erweist. Der Schein des Schönen Ich, die zerbrochene Einheit unter der Illusion von Schönheit, die beiden Namen *Biau-ju* und *Bel Descouneüs* sind die Embleme des Textes. Das zerfließende Ich des Autors wird gleichgesetzt mit Guinglain, der die Krankheit seines Mangels im verlorenen Objekt nicht heilen kann. Die immer wieder betonte Richtigkeit des wahren Namens Guinglain, mit der der zuvor unbekannte Ritter eine Fülle von Identität erlangt, ist daher Trug. Je stärker der *rich-*

tige Name Guinglain gegen den *falschen* ausgespielt wird, desto mehr wird verhüllt, daß dem Subjekt Ganzheit und Fülle von Identität eben doch versagt sind. Dem Guinglain-Teil des Romans, der nach Aussage des Autors «bruchlos» dauern wird bis ans Ende der Welt, steht der Gesamttext gegenüber, der sehr wohl einen Bruch impliziert: «Damit bricht der Roman ab und ist aus.» So dramatisiert die Ablösung der Namen die Verleugnungsstruktur des Begehrens, das sich nicht eingesteht, auf den Mangel gerichtet zu sein, sondern stets ein Etwas zu erstreben vermeint.

Mit der unmöglichen Ein-Werdung von Mann und Frau, des Subjekts mit sich selbst, geht der Verlust einer Einheit des Textes einher. Mehrfach versucht hier die Gattung Roman, eins zu werden mit anderen Gattungen, mit der Liebeslyrik in den Autorinterventionen und in der Feenepisode mit dem *Lai,* einer Kurzerzählung mit den Elementen: Entrückung durch eine Fee, Aufenthalt in ihrer Zauberwelt, der an ein Verbot geknüpft ist, Übertretung des Verbots, Verstoßung und Rückkehr zu ihr. Doch was bleibt, ist die Spaltung in zwei

Frauen, die Frau des Romans, Esmerée, und die Frau der anderen Gattung, die Fee; berührt vom *Buch* des Zauberers, gebannt durch das *Wort,* wandelt sich die einst mächtige Muttergottheit, die ihrem Helden in der Heiligen Hochzeit als Schlange erschien, zu einem erlösungsbedürftigen Wurm; Esmerée und die Fee sind fortan getrennt. Wie im zweifachen Kampf zwischen Vorgänger und Nachfolger (Guinglain gegen Malgiers beziehungsweise gegen Mabon und Evrain) aufscheint, ist ihre Einheit zerbrochen und verliert sich im mythischen Dunkel der keltischen Vorzeit.

Jenseits der Vorstellung eines dumpfen Mittelalters ist damit der Versuch unternommen worden, den Roman *unter* der Textoberfläche zu lesen – und dies nach gut mittelalterlichem Brauch, denn die Suche nach verschiedenen Schriftsinnen war damals in der Exegese selbstverständlich. Eines ist zu solchem Verstehen heute wie einst erforderlich: Man muß den Text mit den «Ohren des Herzens» hören, ihn als *Gewebe* sehen.

Felicitas Olef-Krafft

ANMERKUNGEN

1 Feste Speisen pflegte man im Mittelalter mit den Händen zu essen, und so war es in der höfischen Gesellschaft Brauch, diese vor den Mahlzeiten zu waschen.

2 In literarischem Spiel zitieren mittelalterliche Texte gern und häufig Vorgänger und auch Zeitgenossen. Von besonderer Bedeutung für Renaut sind hierbei die Werke Chrétiens de Troyes, der den arthurischen Roman begründete. So erinnert das Eintreffen des Helden am Hof in manchem an Chrétiens *Perceval:* dort reagiert der in Grübeleien versunkene König zum Beispiel *nicht* auf die Ankunft des Helden und seinen Gruß. Auch Perceval kennt seinen Namen nicht, auch er ist nur ein «Lieber Sohn», der, in Symbiose mit der Mutter verschmolzen, vom Vater nichts weiß.

3 Tische bestanden im Mittelalter aus Untergestell und Platte; sie wurden zu jedem Essen eigens herein- und danach wieder hinausgetragen.

4 Neben dem Streit- und dem Jagdroß findet sich der Zelter, der ausschließlich im Paßgang geht, daher vorwiegend als Reisepferd und von Frauen benutzt wurde.

5 *Escarlate* – der Scharlachstoff – ist ein kostbares Wollgewebe von unterschiedlicher Färbung (rot, grau, blau, braun).

Buntwerk besteht aus den zwei Fellarten des

grauen Eichhörnchens, weißem Bauch und grauem Rücken, Grauwerk nur aus letzterem.

6 Der Zwerg ist das direkte Gegenteil des Zwergs in Chrétiens *Erec et Enide.* Auch dort begegnet eine Dreiergruppe (Zwerg, Ritter, Fräulein), doch der Zwerg ist «frech und unverschämt», schlägt mit der Peitsche die Zofe der Königin und den Helden; Tidogolains aber tritt immer *für* den Unbekannten ein.

7 Das Bild der Tafelrunde, an der sich alle wackeren Ritter von gleich zu gleich versammeln, allerdings ohne König Artus, der an einem besonderen Tisch zu sitzen pflegt, wird erstmals von Wace im *Roman de Brut* (um 1155) verwendet.

8 Brünne (Kettenhemd) und Kettenhose sind aus Eisenringen eng geflochten oder aus einem festen Material wie Leder, das dicht mit Eisenringen benäht ist. Die Kettenhose reicht wie ein Strumpf vom Fuß bis zum Oberschenkel; sie wird hinten mit Lederriemen zugeschnürt und an einem Lendengürtel befestigt.

9 Wie Perceval ist der Held zunächst nur schön, verspricht jedoch gerade aufgrund dieser Schönheit ein trefflicher Ritter zu werden. Äußere Schönheit ist nach mittelalterlich-höfischer Vorstellung ein Äquivalent inneren Wertes.

10 Wie die Botin aus der «Anderen Welt» gehört auch der Kampf an der Furt zu den Standardmotiven der *matière de Bretagne;* er findet sich schon im *Lancelot* Chrétiens. – Die keltischen Vorläufer des Motivs zeigen, daß es sich ursprünglich um einen Kampf zwischen Winter

und Sommer in einem muttergöttlichen Jahreszyklus handelte.

11 Im Text des Originals steht hier der zentrale Begriff *aventure*. Das Wort deckt sich nicht mit unserer Vorstellung eines vom reinen Zufall beherrschten Abenteuers. *Aventure* setzt im Gegenteil den Glauben an eine Lenkung der menschlichen Existenz durch eine Vorsehung voraus, wobei das Bedeutungsspektrum von «Los, Geschick» bis «Erlebnis» reicht; zugleich umfaßt das Wort aber auch das Bedeutungsfeld «Ertrag, Zugewinn, Beute».

12 Weil Pferde sehr wertvoll waren und ein Zweikampf zu Fuß für einen Schwergerüsteten größte Anstrengung bedeutete, durften die Tiere nach ritterlichem Komment nicht getötet werden.

13 An Stellen, die mit eckigen Klammern bezeichnet sind, fehlt in der Handschrift ein Stück, meist ein einzelner Vers, manchmal auch mehrere.

14 Die Episode erinnert wiederum an Chrétiens *Erec*. Auch Erec hört die Hilfeschreie eines Mädchens im Wald: zwei Riesen entführen ihren Geliebten. Erec befreit ihn und tötet die beiden. Der Riese in seiner ungeschlachten Roheit ist in unserem Text Symbol der ungezügelten Triebnatur (Vergewaltigung als Vorspeise zum Braten), die es zu überwinden gilt, um zu zivilisatorischer Ordnung zu gelangen. Auf den wilden Kampf folgt im Text das höfische Zeremoniell einer üppigen Tafel.

15 Der Mundschutz *(ventaille)* ist ein Panzerstreifen, der im Kampf zum Schutz von Kinn und Mund-

partie diente; sonst ließ man ihn lose von der Panzerkappe herabhängen.

16 Fast in jeder Burg fand sich außerhalb der Mauern ein Garten, der *vergier,* mit Obstbäumen und Heilpflanzen, wo man sich im Sommer erging. In der Troubadourlyrik ist er der übliche Ort des Rendezvous, woran hier die Vergewaltigungsszene als Pervertierung des Motivs anschließt.

17 Der in diesem Kontext auffällige Begriff «Räuber» verweist einmal mehr auf den *Erec* Chrétiens. Dort wird der Held tatsächlich von drei Räubern angegriffen, von denen er wie der Unbekannte den ersten tötet, den zweiten verletzt und den dritten nur vom Pferd stößt. Auch er ist zuvor gewarnt worden, und es gilt derselbe alte Brauch des Kampfes: einer gegen einen.

18 Ein Ritterschild bestand aus Holz mit Lederüberzug; am Rand und in der Mitte (Schildbuckel) war er mit Eisenbeschlägen versehen. Um die Zügel führen zu können, trug man ihn im Reiten an einem Band um den Hals; erst zum Kampf packte man ihn mit der Linken an Tragriemen.

19 Das Motiv des Hündchens in einer Konstellation, die derjenigen unseres Textes ähnelt (der Held stiehlt einen Hund und gibt ihn seiner Begleiterin), taucht sonst nur in späten Quellen auf, die jedoch auf Altes verweisen: im mittelniederländischen *Dboec van Lancelote* (aus dem ersten Viertel des 14. Jahrhunderts) mit Gauvain als Held und im keltischen *Lay of the Great Fool* (17. Jahrhundert).

20 Die Schwertschmieden von Vienne und Poitiers galten in Frankreich als die besten.

21 Unser doch nicht umfangreicher Text weist eine wahre Inflation von Namen auf: hundertsiebenundsiebzig. Im Mittelalter verleiht der Name nicht nur Identität, sondern begründet die Zugehörigkeit zur Sippe, die Ansehen, Schutz und Stärke verleiht. Um so isolierter steht der Schöne Unbekannte, dessen «Name» nur notdürftig seine eigentliche Namenlosigkeit und damit einen Mangel verhüllt.

22 Seit Chrétiens *Erec* (der Held erobert dort den Sperber für seine geliebte Enide als Ausweis ihrer überragenden Schönheit) erfreute sich das Motiv großer Beliebtheit. So ist der Sperber im keltischen *Gereint* und in den französischen Artusromanen des 13. Jahrhunderts *(Durmart, Meraugis de Portlesguez)* Schönheitspreis, im Prosa-Lancelot des frühen 13. Jahrhunderts ist er in einem Turnier Tapferkeitstrophäe für den besten Ritter, ebenso im mittelenglischen *Le Morte Darthur* von Malory (Ende des 15. Jahrhunderts). Im Prosaroman *Le Chevalier du Papegau* (13./14. Jahrhundert) tritt an die Stelle des Sperbers ein Papagei, den ein Ritter wie in unserem Text für seine häßliche Geliebte reklamiert. Im Traktat *De amore* des Andreas Capellanus (Ende des 12. Jahrhunderts) ist das Erkämpfen des Sperbers wiederum Ausweis für die Schönheit der Geliebten.

Als Metapher bedeutet der Sperber immer wieder den höfischen Liebhaber beziehungsweise dessen Phallus.

Da Sperber nur einmal im Jahr das Federkleid wechseln, bezeichnet die Zahl der Mausern das

Alter: je älter der Vogel, desto jagderfahrener und wertvoller ist er. Überhaupt ist der Sperber erst nach der ersten Mauser jagdtauglich.

23 Der Text steht in direktem Gegensatz zu Chrétien; Erec gewinnt den Sperber in einer ganz neuen Rüstung – ein literarisches Spiel der Selbstkommentierung. Der neue Text bedient sich des alten Motivs gleich einer alten, beschädigten Rüstung.

24 Die Szene spielt wiederum auf den *Erec* an. Nachdem der Held im Zaubergarten Mabonagrain besiegt hat, erkennt seine Begleiterin Enide in der Geliebten des Ritters ihre Kusine.

25 Schon bei Claudian im 5. Jahrhundert liegt der vielfarbige Palast der Liebesgöttin Venus, der aus kostbarsten Materialien (Gold und Edelsteinen) erbaut ist, mit seinem Garten auf einer Insel. Analog finden sich in der keltischen Überlieferung die Glaspaläste der Feen mit ihren Mauern aus Edelmetall oder Kristall und ihrem Garten voller Bäume und Vögel. Diese Paläste werden in der Regel von Wasser umflossen; ein Wächter versperrt den Zugang; in ihrem Innern ist die Zeit ohne Bedeutung, wie auch in der zweiten Feenszene Vergangenheit, Gegenwart und Zukunft in eins fallen. Im 12./13. Jahrhundert verschmelzen beide Traditionen mit der christlichen Vorstellung eines irdischen Paradieses, wie es im Neuen Jerusalem der Apokalypse erscheint: die gläserne Feenfeste berührt sich mit der kristallenen Stadt.

26 Mit der Legende der Schule von Toledo, die unter anderem für 1186 nach astronomisch-astro-

logischen Berechnungen den Weltuntergang prognostizierte, entwickelte sich gegen Ende des 12. Jahrhunderts eine neue Konzeption der Zauberei als einer intellektuellen Disziplin, die dem Kanon der sieben Künste (Grammatik, Rhetorik, Dialektik; Musik, Arithmetik, Geometrie, Astronomie) hinzugefügt werden konnte.

27 Das Motiv der aufgespießten Köpfe ist wohl keltischen Ursprungs; es findet sich zuerst beim irischen Helden Cuchulainn. In Chrétiens *Erec* steht die Pfahlreihe im Zaubergarten, wo Mabonagrain von seiner Geliebten gefangengehalten wird; auf ihr Geheiß muß er jeden Eindringling töten und sein Haupt auf einen Pfahl stecken; ein noch freier Pfahl steht für Erecs Kopf bereit. Danach erscheint das Motiv mehrfach im arthurischen Roman: so im *Yder,* in *La Mule sans frein* oder in *Le Chevalier aux Deux Epées*. In den beiden letzten Romanen beendet Gauvain den Brauch.

28 Zahlensymbolik ist im Mittelalter von großer Bedeutung. 144 ist als Quadratzahl von zwölf die Zahl der Vollkommenheit: 144 Ellen mißt die Mauer des Neuen Jerusalem, es gibt 144 000 Erwählte. Für unseren Text sei auch auf die Wiederholung der Siebenzahl verwiesen, Ausdruck der Ewigkeit wie der Vergänglichkeit, des Guten wie des Bösen, die sich passend zu einem Helden fügt, der im Vorwärts das Rückwärts ersehnt.

29 *Samit,* nicht zu verwechseln mit Samt, ist ein starkes, festes, oft mit Gold- oder Silberfäden durchwirktes Seidengewebe für Oberbekleidung und Pferdedecken.

30 Neben stereotypen Floskeln wie der von der Lilienweiße des Antlitzes, die von Rosenrot überhaucht ist, zeigen die Schönheitsbeschreibungen unseres Textes einige Besonderheiten. So wird hier die Fee durch Wiederholung der Formeln, die bei Helie, Margerie und später auch bei Helies Herrin Esmerée vorkommen, zum Inbegriff der Frau, dessen Substanz sich freilich durch den widersprüchlichen Vergleich zuerst mit dem Mond und später dann mit der Sonne verliert. Während bei Esmerée die Gewandung (Mantel und Kleid) in ihrer Kostbarkeit im Vordergrund stehen wird, ist es bei der Fee die Sinnlichkeit: «Wie geschaffen war der Mund zum Küssen» heißt es etwa; ihr Haar wallt herab ohne Gebende, den um das Kinn herumreichenden Kopfputz, dessen Abnehmen Liebesbereitschaft signalisiert. Entgegen den üblichen Rhetorikregeln des Mittelalters gehen die Beschreibungen nicht strikt von oben nach unten, vom Kopf zu den Füßen, vor: die Einheit wird gleichsam zerstückelt.

31 Die Mark ist im Mittelalter zunächst keine Währungs-, sondern eine Gewichtseinheit.

32 Die Lanpart-Szene gemahnt an den Besuch bei König Evrain in Chrétiens *Erec*. Wie Enide sucht Helie den Helden vom Vorhaben abzubringen; beide Helden erfahren von einem besonderen Brauch; Gastfreundschaft gewährt nur der Herr. Auch Erec rüstet sich einmal auf einem Teppich mit dem Bildnis eines Leoparden. In beiden Romanen folgt das Hauptabenteuer auf ebendiese Episode.

33 Das Motiv der Besudelung ist aus dem keltischen *The Violent Death of Curoi* bekannt: Cuchulainn wird dort eingegraben, geschoren und mit Kuhmist eingerieben.

34 Daß der Kampf gegen Lanpart unentschieden bleibt, zeigt, daß der Held nun seine Vollendung erreicht hat. Im arthurischen Roman dient häufig der unentschiedene Kampf gegen den seit Chrétien in seinen Rittertugenden modellhaften Gauvain als ein Ausweis der Vervollkommnung des Helden. Auch enden Kämpfe Vater gegen Sohn in der Regel unentschieden; damit wird der Schöne Unbekannte vor der Gewinnung Esmerées noch einmal deutlich in die Ordnung des Vaters einbezogen.

35 Das Öde Land *(gaste terre)* erscheint häufig in mittelalterlichen Texten als die negative Folge eines Inzests. Dies ist nicht verwunderlich, da es im Ritus und Kultus der keltischen Muttergöttin seinen Ursprung hat. Nach der fruchtbringenden Heiligen Hochzeit des Sommers folgt mit dem Tod ihres Sohn-Geliebten die Verödung des Winters. In unserem Text ist diese Verödung Folge eines von Männern bewirkten Zaubers; der jahreszeitliche Zyklus ist zerstört.

36 Ab dem 12. Jahrhundert nehmen Adler als Dekorations- und Schmuckmotiv zum Beispiel auf Kapitellen zu. Das Funkeln der Adler erinnert zugleich an die goldenen Adler, die häufig das Zelt der Fee Morgana oder ihr entsprechender Gestalten krönen, so im *Lai de Lanval*.

37 Eine Variante des Psalters.

38 Flöte mit drei Löchern.

39 Morhot (Morolt), ein riesenhafter irischer Ritter und Onkel Isoldes, fordert von Cornwall Tribut in Gestalt von Knaben und Mädchen; Tristan tötet ihn. Der Kampf zwischen Olivier und Roland ist ausgestaltet in einer *chanson de geste* mit dem Titel *Girart de Vienne:* Olivier kämpft für das Geschlecht de Monglane gegen Roland als Vertreter Karls des Großen; der Streit wird durch einen Engel beigelegt, und Roland heiratet Oliviers Schwester. Braimant ist ein afrikanischer Sarazenenkönig, gegen den Karl der Große kämpfte; dieser mußte als junger Mann vor seinen Halbbrüdern unter dem Decknamen Mainnet fliehen.

40 Das Motiv des Erlösungskusses ist weit verbreitet: man denke nur an den Froschkönig. Es findet sich in der mittelalterlichen Literatur unter anderem im Deutschen (*Lanzelet* des Ulrich von Zatzikhofen, um 1200), Katalanischen (*Tirant lo Blanch,* um 1400), im Französischen (17. Buch des *Amadis de Gaule,* 16. Jahrhundert) und im Italienischen (*Orlando Innamorato* von Boiardo, 1486). Wie aus *Gawain and Ragnall* hervorgeht, handelt es sich wohl ursprünglich um den symbolischen Vollzug der Heiligen Hochzeit der keltischen Muttergöttin mit ihrem Sohn-Geliebten. Aus dieser Verbindung geht Gyngolyn hervor. Die Schlange als Angsttier einer Muttergottheit ist in zahlreichen Kulturen belegt; dabei ist die Schlange Symbol der Erneuerung und zeugt in ihrer furchtbaren Schönheit von der Ambivalenz der Göttin als Lebensspenderin und -vernichterin.

41 Im keltisch-mythischen Urgrund ist Gauvain der Sohn des Gott-Königs Artus und seiner Schwester Morgana und nimmt nach initiatorischen Prüfungen als Sohn-Geliebter den Platz des Vorgänger-Vaters bei der Muttergottheit ein. – Im arthurischen Roman ist dies verschleiert: er ist nurmehr Neffe des Artus, der inzestuöse Sohn des Artus mit seiner Schwester ist die Negativfigur Mordred. Am Artushof ist Gauvain Norm der ritterlichen Vollkommenheit und höfischen Gesittung; die Eroberung der Muttergottheit in ihren diversen Gestalten im Mythos machte aus ihm im späteren Artusroman einen Frauenhelden.

42 Snowdon meint die römische Stadt Segontium, die vermutlich von Agricola gegründet und 383 n. Chr. aufgegeben wurde, womit sie auch historisch eine Öde Stadt war, um welche sich in der *matière de Bretagne* manche Phantasien rankten.

43 Die gesamte Liebesmetaphorik (Liebe als Krankheit mit all ihren Symptomen, als Wunde infolge von Amors Pfeilschuß, als Feuer) wurde von Ovid entwickelt und vom Mittelalter insgesamt übernommen. Ziel war, das Unsagbare, Fremde der Liebe mit Bekanntem zu assoziieren und dadurch beherrschbar erscheinen zu lassen.

44 Neben dem besonders großen und wertvollen Gerfalken gibt es kleinere jagdtaugliche Arten wie die hier genannten; ein Terzel ist der kleine männliche Falke, der Schmerl wurde für die Jagd auf Lerchen abgerichtet.

45 Paris bedachte Venus mit dem Apfel der Schönheit und erhielt von ihr dafür Helena, die Frau

eines anderen, Ergebnis war der Trojanische Krieg. Tristan, der Neffe von König Marke, liebte dessen Gattin Isolde – ein quasi inzestuöses Verhältnis außerhalb der Gesellschaft, das nur im Tod enden konnte. Byblis liebte den Bruder und wurde von ihm verschmäht; in den eigenen Tränen löste sie sich zur Quelle auf. Lavinia ist die Frau, die Vater Anchises seinem Sohn Äneas in der Unterwelt zuwies. Mit Morgana, der Fee, wird der Bezug zur Muttergottheit des Keltischen gegeben. Durch die Polarität der Vergleiche wird die Jungfrau mit den Weißen Händen zum erlaubten und verbotenen Objekt zugleich: so verliert sie ihre substantielle Einheit.

46 Der Text ist hier durchaus ambivalent. Die Stelle ließe sich auch übersetzen als «Untreue fehlt nicht». Damit reiht sich auch der Autor in die Zahl derer, die täuschen; das Frauenlob wird unwahrhaftig. Tatsächlich ist die Rhetorik der Romanliteratur häufig subversiv. Auch früher schon: In «sie verstehen es, schändlich zu lügen: das ist im Gegenteil eine gar schwere Sünde» könnte die Sündhaftigkeit gerade als Inhalt der lügenhaften Aussage verstanden werden. Wenn sich der Autor von der Falschheit der anderen durch die Tollheit seiner Liebe absetzen will, so wird diese Beteuerung dadurch zunichte, daß anderswo die Verräter sowohl falsch als auch toll sind.

47 Das Turnier bei der Jungfrauenburg geht auf ein älteres Erzählmuster zurück: die Befreiung der Königin der Burg, Morgana, von Belagerern. Als Parallele hierzu steht das Turnier bei Edinburgh in

Chrétiens *Erec;* die Stadt wird mit der Jungfrauenburg identifiziert. Vergleichbar ist ferner ein Turnier im Prosa-Tristan: auch hier spielt der schottische König Aguisant eine bedeutende Rolle.
Im 12. Jahrhundert bilden die als Mannschaftssport konzipierten Turniere das Hauptvergnügen der Ritter, die sich hier im Kriegshandwerk üben, Aggressionen abbauen und sich Einnahmen (Beute, Pferde, Lösegeld) verschaffen. Ab 1130 protestierte die Kirche dagegen, weil es häufig zu Todesfällen kam; weltliche Herrscher aber förderten sie.

48 Um größeren Halt zu geben und zum Schutz des Unterleibs waren die Sättel vorne und hinten zu Bögen hochgezogen.

ZU DEN MINIATUREN

Da die einzige erhaltene Handschrift des *Bel Inconnu* den bloßen Text überliefert, wurden die beigegebenen Illustrationen aus der reich bebilderten Romanhandschrift S 526 der Universitätsbibliothek Bonn ausgewählt. Sie umfaßt den gesamten Prosa-Lancelot-Gral-Zyklus auf vierhundertsiebenundsiebzig Blättern aus feinem Pergament. Die einzelnen Blätter sind dreispaltig mit brauner Eisengallustinte beschrieben. Der Codex weist neben vier Bildinitialen dreihundertfünfundvierzig quadratische Miniaturen auf, welche die Breite einer Spalte einnehmen und jeweils am Beginn eines Erzählabschnitts stehen.

Wie im Mittelalter häufig, nennt sich der Schreiber des Codex in einer *subscriptio* am Buchende: «Arnulfus de Kayo scripsit istum librum qui est ambianis. En lan del incarnation MCCIIII^{XX}VI el mois daoust le iour deuant le s. Iehan decolase.» Er beendete also die Niederschrift am 28. August 1286 in einem Kloster der Stadt Amiens.

Der Stil ordnet den Codex einer nordfranzösischen gotischen Malschule zu, die zwischen 1280 und 1320 im Gebiet von Amiens – Thérouanne – Cambrai in religiösen wie profanen Handschriften nachweisbar ist. Zeittypisch für solche Miniaturen ist das Fehlen räumlicher Tiefe, eine ausgeprägte Vorliebe für Rot- und Blautöne, eine starre, konventionelle, kaum individuelle Darstellung der Personen – gerade dies erlaubte jedoch die Übertragung ikonographisch verwandter Szenen aus jener Handschrift in die vorliegende Übersetzung.

Der im Bonner Prachtkodex enthaltene Lancelot-Gral-Prosazyklus zeichnet noch einmal die Geschichte des Rittertums, seiner weltlichen Bestimmung anhand des Lancelot-Stoffs, seiner geistlichen Aufgabe mit Hilfe des Gralsymbols nach und läßt sie mit König Artus' Untergang ihr Ende finden. Zum arthurischen Versroman, den Chrétien de Troyes einführte, gesellt sich im 13. Jahrhundert der Prosaroman mit einem neuen Anspruch auf Nähe zur Wahrheit durch Verzicht auf den Reim. Der Zyklus der Bonner Handschrift enthält als frühe Beispiele solcher fiktionaler Prosawerke neben der Vorgeschichte *Estoire del Saint Graal* und *Merlin* den großen *Lancelot en prose* mit den drei Teilen *Lancelot del Lac, Queste del Saint Graal, Mort le Roi Artu.* Die ausgewählten Miniaturen stammen aus der *Estoire del Saint Gral,* dem *Merlin* und dem *Lancelot del Lac.*

Tafel gegenüber der Seite

INHALT

Die Deutsche Bibliothek – CIP-Einheitsaufnahme

Renauld <de Beaujeu>:
Der schöne Unbekannte :
ein Artusroman / Renaut de Beaujeu
Übertr. aus dem Altfranz.
und Nachw. von Felicitas Olef-Krafft
Zürich : Manesse Verlag
(Manesse Bibliothek der Weltliteratur)
Einheitssacht.: Le Bel inconnu <dt.>
ISBN 3-7175-1874-7 Gewebe
ISBN 3-7175-1875-5 Ldr.